U0016118

我決定刻薄地生活

나는 까칠하게
살기로 했다
상처받지 않고 사람을
움직이는 관계의 심리학

在不受傷害的情況下，打動人心的關係心理學

楊昌順（양창순）著
游芯歆 譯

CONTENTS 目錄

CONTENTS 目錄

第二章
受到傷害的人很多，卻沒有人製造傷害的原因

CONTENTS 目錄

第三章 為了活得自在，刻薄的人際關係處方籤

CONTENTS 目錄

第四章 我不要再任人擺布

好評推薦

顧好自己：先愛自己再愛別人。

或者應該說，當你能夠愛自己，你也才有能力眞正地愛人，而不是以匱乏、不安、索求、期待他人回應你的付出等變形的方式，自以爲是地給出扭曲的愛。

遭遇亂流時，請先幫自己戴上氧氣罩，再幫身旁的人戴上氧氣罩。

祝福你讀完此書後能充滿毅力地培養樂觀的語言習慣，就算遇上人生的亂流，你也總是戴著氧氣罩。

——自我成長平台「聲藝」、「馬克信箱」創辦人／歐馬克

序

就像大自然一往直前地更迭變化

就在我和愛犬散步的小徑上，不知從何處傳來一下又一下「啪嗒！啪嗒！」的聲音。回頭一看，原來是高大的木蓮樹上殘花凋落的動靜，又沒颳大風，花兒卻不斷落地，發出陣陣聲響。幾天後，將公園妝點得明媚動人的櫻花，花瓣也如片片雪花般飛舞在微風中。看著這景象，我不禁感嘆：春花在春天盡情開放，但到了該謝的時候，也毫無留戀地一下子就凋謝了，只有小狗還興高采烈地在飄零的花瓣之間奔跑跳躍。又過了一段時間，公園裡再也看不到木蓮花或櫻花的蹤影，倒是處處綠意盎然。突然覺得大自然總是一往直前地更迭變化，這難道不是人類該向自然學習的最大價值嗎？

前不久，有機會和長期來我這裡接受心理諮商的患者家屬見面，他們很高興地說，患者在接受心理諮商期間，好像成熟了不少，也有了許多改變。其實對於當事人的變化，我也同樣感到十分欣慰。他的變化很顯然是透過心理諮商，在過去占據他內心深處的不必要情感（例如不安、憂鬱、挫折、憤怒、被害者意識等）消失後，發揮潛在力量的結果。

從他的案例中可以看出，當我們找出自己被過去創傷所束縛的特性和諸般力量，並讓這些力量正常發揮作用之後，我們的心理才會逐漸趨於成熟、有所改變。這點之所以重要，是因爲透過這個過程，才能「回歸本色做自己」。精神醫學家卡爾·榮格（瑞士心理學家、精神科醫師，分析心理學創始者）稱之爲「個性化」；卡倫·荷妮（挪威心理學家和精神病學家）則說這是「橡實成長爲橡樹的過程」。爲了成功地完成這個過程，就必須做好自我保護的工作，不要浪費不必要的精力，也不要被會妨礙自我的因素所影響。

榮格認爲，當我們的精神能量受到外界影響，在情緒變得很不穩定的狀況下，就有可能因爲外界一個小小的刺激，而引發過激的情緒反應。這種心理上的不平衡狀態，是造成緊張、焦慮、矛盾、憂鬱等所有精神壓力的原因，所以經常需要有「能量宣洩的管道」。就拿清理房子來做個比喻吧！如果家裡一團亂的話，就很難集中精神工作，想找個什麼東西，也不知道自己之前放到哪裡去了。但是，只要下定決心動手清理房子的話，以爲已經遺失的物品就會紛紛冒出來，其中甚至會有自己曾經視若珍寶的東西，而重新找回這些東西時的激動心情，也是難以言喻的！

爲了在人生中迎來那樣的幸運，**首先必須整理自己的內心**，因爲在這個過程中，我們才能知道平時是多麼無意義地在浪費情感。許多人在心理諮商的過程中坦承，他們最後悔的事情之一，就是不知道自己爲什麼要在那麼長的時間裡，因爲不必要的焦慮而感到痛苦。

他們不分年齡都同樣感到煩惱不安的問題主要分爲兩種，第一種是不信任自己的能力而感到焦躁不安。他們缺乏自信，不敢期盼未來會有成功的一天，因此自怨自艾，對過去充滿了悔恨。第二種是苦於人際關係。不過這個問題大部分都和第一個問題有連帶關係，也就是說，因爲對自己缺乏自信而感到不安，總想透過他人來肯定自己，於是就出現了問題。他們往往會在意對方對自己的評價，如果對方離開了自己，就會認爲自己沒有存在的價值，因此不是一直糾纏對方，就是自暴自棄，陷入憂鬱和軟弱的情緒中。

人類身爲社會的一員，必然會有同伴，但如果對方和我方不是處在同等的地位，而且時常評價我、觀察我的話，那麼我方就會開始對人際關係感到恐懼和不安，陷入榮格所說的心理不平衡狀態。

在我長期擔任精神科醫生的過程中，一直在思考該怎麼做，才能矯正那種不平衡的狀態，讓患者可以擺脫不必要的情感，而我交出的答案就是這本書。令我驚訝的是，這麼長的時間過去，讀者對這本書的關注依然不減。這也表示有許多讀者都對我的看法產生了共鳴，因此才有了這次全新改版的機會，讓我萬分感激。

在帶狗散步的小徑上，看著蔚藍的天空、徐徐的微風，以及在陽光下閃著淡綠光澤的樹葉，感到一陣久違的心動。或許因爲這是在漫長的疫情大流行之後，才終於迎來的美好時光，所以讓人感觸更深。就像春天的花瓣到了時間就毫不留戀地消失一般，但願這段期間備受壓抑的心情也能一掃而空，重新感受「自由」對我們來說是多麼難能可貴。

疫情大流行期間我們被迫經歷的所有困難，不可能一下子就消失，但可以肯定的是，**在新的日子裡，我們都必須竭盡全力爲自己帶來新的變化**。期待那一天早日到來，也感謝所有喜愛這本書的讀者。

前言

有什麼好怕的？回歸本色做自己！

有一次在朋友的招待下，有機會和陌生人一起到全羅南道旅行。初次見面，大家都做了自我介紹。有趣的是，基於社交關係，大家一定會在名字後面附加說明自己的工作和所屬單位。不管怎樣，當我做完自我介紹之後，招待我的朋友就說了一句話：

「聽說妳開了一家人際關係診所，不知道妳是不是也很擅長處理自己的人際關係？」

這位朋友能力出眾，平時就以高超的幽默感吸引在座諸人，但偶爾在他的幽默中也隱藏著犀利，所以雖然我喜歡他的幽默，這次卻覺得其中帶了點諷刺。事實上，有段時間我很怕被人看作是人際關係專家。

專家們最怕掉入的陷阱，就是期盼在自己的領域裡盡可能表現出完美形象，這是很大的問題。有段時間，我爲了滿足那份期盼而拚命努力，然而付出的努力並沒有帶來相應的結果。

內心充滿矛盾的我，在某一瞬間決定放下那份期盼，結果令人驚訝的是，我的心情竟然平靜了下來。我不再像過去一樣在意他人對我的評價，在人際關係上我也不像以前那樣遮遮掩掩地不願說出心裡話。也就是說，我終於可以放手讓自己得到某種自由。如果是過去的我，聽到人家開玩笑說：「既然是專家，不知道是不是也很擅長處理自己的人際關係」這種話時，心裡一定不好受。但在許多方面已經看開了的我，現在就可以用「擅不擅長人際關係我不知道，但肯定不擅長戀愛關係」一句話頂回去。

我們對人際關係的渴望有兩張臉，一張臉是「只要可以的話」，想自由自在地說話、行動，另一張臉則是「明知那是不可能的」，只能拚命壓抑自己做到凡事小心謹愼。這兩張臉在我們心中經常發生衝突和矛盾，但大多數的人選擇了後者。因爲大家都相信，想得到他人對自己的肯定，除了那樣做之外，別無他法。

一直以來，韓國文化中存在著不便明確表達自我主張的心態，我們學到的是在他人面前保持謙遜才是美德，事實上並非如此。每一個人都希望能堂堂正正、充滿自信地表達自己的想法，即使是那些在他人面前不說出自己想法，在心理諮商的時候又是另一番說詞的人。

「我也想明確表達自己的想法，我眞的很討厭那個總是迎合對方的自己。」

不只是他們，包括我在內的大部分人要表達自己的主張都存在一定的難度，因爲我們過於害怕遭到拒絕。就如十九世紀法國著名詩人韓波所說：「哪個靈魂沒受過傷害？」正因爲我們仍舊沒有勇氣承受在人際關係中所受到的創傷，所以今天還是會出現這樣的煩惱。

「我可以明確說出自己的想法嗎？如果人家覺得我狂妄自大的話該怎麼辦？」

「我可以先敞開心扉嗎？他會因爲我的親近而理解我的心意嗎？」

「再這樣下去，最後受傷的人一定是我……這世上不可能存在與我心意相通的人。」

就像這樣，一個接著一個的想法，讓我們越想越害怕。但仔細想想，其實對方也有著和我同樣的煩惱，這裡就出現了一個明顯的解決之道，就是先放下「自己會被拒絕而受到傷害」的恐懼。如此一來就會感到主動走近、向對方示好並不是這麼難的事，也不會覺得明確表達想法、提出自己的主張有什麼不方便，自然也可以理解和接受對方的言行舉止。

那該怎麼做才能達到這個目的呢？首先，**要和自己和解、好好相處**。我們看似很了解自己，其實很多時候正好相反，因此就需要有勇氣來解開這種誤會，接受原貌的自己，進一步發揮優點、彌補缺點。總而言之，**如果能先接受自我的話，就可以毫無顧慮地將「眞實」的自己展現在他人面前**，也會與能接受我的人相處得更加愉快，另一方面，也不用在意指責我的人，反而可以先看看那些指責是否有道理，若有則改，若無就當作是對方的問題就可以。

更直接的說法大概就是「要下定決心刻薄地生活」，而這也直接關聯到這本書被命名為「我決定刻薄地生活」。書名定下來之後，我的心也變得更加自在。

正如前面所說，過去的我即使不滿意對方的主張，也會覺得「我再堅持己見的話，對方會不高興吧？」或「說不定又會到哪裡去說我的壞話！」所以很多時候，我就以「隨便你吧！」一句話結束。但是，這種情況造成的結果往往都不好，因為不只我心裡不滿意，對方也會說「當初妳自己也說還不錯，所以妳也有責任」，這時就算我說「那是因為我怕你不高興才作罷的」也沒有用，所以現在我才會想改變這樣的做法。

反正事情不管怎樣，我都得負責任，那就光明正大說出自己的想法，這樣的做法在人際關係中有多重要，我有過切身的體驗，但是，這不代表會因此忽視對方的意見，只不過是想毫不愧疚地表達自己的想法罷了，而在表達時，**最關鍵的就是要「明確和簡潔」**。

有趣的是，當我真的這麼做時，對方竟然也接受了我的意見，因為人就是這樣，不說出來就不知道對方到底在想什麼。所以究竟是真的同意才說好，還是害怕受傷才同意，或者是不想再吵下去才委曲求全，如果不說出來就無從得知，**因此最好能正大光明地表達自己的眞實心意，這就是我所認爲的「健康的刻薄」**。

當然，這是有前提條件的。

第一，對自己的意見必須提出合理、客觀的資訊。要是在一無所知的情況下一味堅持己見，那就不是刻薄，而是無禮又粗魯的要求罷了。

第二，要有對人類和生活的理解和愛。如此才能堂堂正正地堅持己見，並且接受兩者間的矛盾，謀求解決之道。

第三，不管在什麼樣的情況下都要保持風度。就如同吃生食一不小心會有食物中毒的風險一樣，人類的情緒如果也是在生冷的狀態下直接碰撞的話，必然會出現不必要的創傷，風度則會軟化並溫暖這樣生冷的情緒。

值得慶幸的是，不知從何時開始，這樣的溝通文化主要在年輕人之間擴散開來。有越來越多人勇於自由地展現自我，他人也不帶任何反感地接受這種方式，努力打造更加健全的人際關係。

這樣的努力之所以重要，原因就在於我們的本性強烈渴望與優秀的人建立親密關係，過著成功的生活。當這樣的渴望無法實現時，必然會產生難以言喻的挫折感和悲痛感，被害者意識和怨恨也是從這時開始萌芽的。為了克服這點，就必須理解困擾自己的心理問題。我們往往會站在自己的角度去揣度他人，因此必須**先了解自己，才能對他人產生同理心，進而互相溝通**，再者，也只有堅持不懈的努力，這個世界才會理解我的真心，率先向我伸出橄欖枝，對我敞開心扉。

這本書就是我想以單篇故事的方式，將上述的主題傳達給讀者所努力的成果，希望我的心意能忠實送到讀者手上，但願這本書能成為對人際關係由恐懼轉變為心動的契機，那麼我也就別無所求了。

第一章

我的人際關係為何這麼難處理？

先和自己好好相處，
就可以毫無顧忌地向他人展現
「眞實的我」。

1 爲什麼我總是被人利用？

我們在人際關係中所感受到的焦慮，最基本的就是**「拒絕敏感性焦慮」**，也就是害怕自己的存在被人拒絕。無論是否爲成功人士，任何人都有這種拒絕焦慮，原因就在於「人際關係＝人生」這樣的觀念已深植人心。而且最重要的是，人際關係促使我們成長，所以打造良好的人際關係是一種非常理所當然的欲望。即使有時面對這種欲望會感到挫折、動搖、受傷、流血，也會想堅持到最後，因爲這就是人生。

維繫良好人際關係的祕訣之一，我常拿穿衣服來比喻，也就是說，我們會根據時間和場合穿著不同的服裝，同樣地，人際關係也需要合適的應對，在該拒絕的時候懂得拒絕、該接受的時候懂得接受。因此，首先必須了解構成人際關係的基本心理類型。

人際關係的型態主要分爲三種，**試圖透過積極主導和控制他人，來占據優勢地位的掌控型**、**對人際關係感到不自在，進而保持距離的逃避型**、**認爲在人際關係中，形成依戀關係十分重要的親密型**。

健全的人際關係是指可以「恰到好處」地使用這三種類型的能力。換句話說，就是必須具備該順從的時候順從、需要主導的時候積極站出來、想獨處的時候也可以獨處的能力。但是，如同某一首歌的歌詞所說的：「我的內心存在著太多連我都不知道的我，這才是問題所在。」這麼多的「我」，有時雖然和諧相處，但有時也會互相矛盾，妨礙我進行恰到好處的人際關係。

在人際關係上屬於非常獨立、愛恨分明類型的夏恩，完全無法理解她的丈夫。談戀愛的時候覺得丈夫是個細心周到的男人，凡事會先徵求她的意見，幾乎做到百依百順的地步，從吃飯點菜這種瑣事，到穿衣、決定旅遊地點等等，所有事情都是她說了算。偶爾夏恩也會對丈夫的這種態度發脾氣，因爲自己原本就個性急躁，而丈夫則一向從容，她認爲就是這份從容，丈夫才會像現在這樣體貼周到，凡事以她爲主。

然而結婚之後，情況就完全變了。隨著婚後發生的大小事，夏恩才終於明白丈夫就是一個徹頭徹尾的順從主義者，尤其在婆婆面前的態度更是嚴重——這時她才知道丈夫對自己百依百順、體貼入微，其實都是衍生自對母親無條件的順從。

對於在外也不敢拒絕他人的丈夫，夏恩問過他爲什麼要這樣做？丈夫回答她：

「從小我就一直覺得『一定要做好人，就算自己吃虧也好過別人難受』，尤其在面對每次和父親吵架就哭個不停的母親時……」

當然，不知從何時開始，丈夫自己也感到十分壓抑，但可能已經習慣成自然了吧，他坦言這麼做有時會更舒心。

令人驚訝的是，苦於人際關係問題當中的人，屬於這類型的出乎意料地多。太過依賴他人、看他人臉色、一天到晚被人利用、不自覺地討好他人等等，從這些人的人際關係模式來看，通常都具有高度的順從性。換句話說，他們不只被別人利用和過度順從，而且也非常缺乏獨立性。

造成這種情況，大多數的原因在於他們會在不知不覺的情況下，強烈希望藉由討好他人來使對方接受自己。有人坦言，不僅是對親近的家人、朋友、同事，甚至對初次見面的人，也會產生這樣的心理，在不知不覺中看對方的臉色、討好對方。如果對象是長輩的話，自己就會像個祕書一樣，凡事出面代勞。雖然他們也會時常對這樣的自己感到不齒，下定決心不再這麼做，但下次又碰到類似的情況時，還是會做出同樣的行爲。

這種行爲的背後，通常隱藏著把自己當成軟弱孩童的心理，就像來到巨人國的格列佛一樣，因爲害怕周圍的人，所以只能戰戰兢兢，不敢惹他們生氣。這就是一種拒絕焦慮，不想因爲自己的態度而遭到對方的拒絕，使得自己受到傷害，這種下意識的渴望所表現出來的行爲就是百依百順。

這類型的人首先必須**了解自己內在存有上述的心理，並且接受這個事實，同時從極小的事情開始，努力做到不那麼順從**。當然，沒有人願意活在心靈受創的情況裡，但這世上實際也沒有哪個人是心靈毫無受過創傷的。

身而爲人，我們多少都有缺陷、個性反覆無常的存在，但要承認並接受這個事實卻不是一件容易的事情。因此除了面對現實之外，就只能訓練自己一步步地踏出去，眞的沒必要壓抑自己眞實的情緒去迎合對方。

2 怕生的我對人際關係感到吃力

「人基本上有兩種類型，一類是拚命壓抑情緒，另一類是將所有情緒外露。」這句話出自英國後現代主義文學作家朱利安．巴恩斯的小說《尚待商榷的愛情》（*Talking It Over*）。

對人際關係容易感到吃力、只想保持距離的人，屬於第一類。這類人的「社會適應不良」症狀較爲嚴重，會因爲在社會生活中感到不自在而出現強烈恐慌和逃避傾向，只好拚命壓抑上湧的情緒，強忍在心中。當然，他們不是被迫這麼做的，通常是由於這麼做會讓心裡更舒坦，而非沒脾氣。

素賢是個心軟無比、情感豐富、善解人意的類型，但她在陌生地方或面對陌生人時過於羞怯，所以很難和人親密交往。而她本身的性情也不太會先去接近別人，或主動表露自己的情感和經驗，所以她也很少參加大家一起的聚會或活動。她會動用一切可能的藉口，想辦法離開眾人聚會的場所，有時眞的碰上無法拒絕的情況，也會小心翼翼地盡量縮在不顯眼的角落。值得慶幸的是，一旦和她成了密友（通常是對方先靠近示好或純屬偶然），關係就會持續很久。

我們在人際關係中不敢先接近、不輕易敞開心扉是有原因的。最大的原因就像是素賢，性情上對陌生人和陌生的情況太過羞怯所致，另外還有一個原因，就是對自我要求標準過高，爲了達到這個標準反而造成心理負擔過重，更不用說還具有必須讓自己表現出色的完美主義傾向，結果不是在人際關係上難以滿足對自己的要求，就是面對超出自我表現範圍的情況時，就變得焦躁不安。越是這樣的人，越覺得自己在任何情況下都必須表現出完美的隨機應變能力，因此，如果關係不是那麼親密，就會更加小心翼翼地保護自己不讓人看穿。

另外，嚴重社會適應不良的人當中，大多數性格獨立，從一開始就不喜歡和別人過於親近。這類人一向就對建立社會關係不那麼在意，反而更喜歡和人們保持一定的距離，更重視自身的個性和獨立性，也不會主動與他人分享自己的內在情感。雖然這些因素會讓周圍的人認爲這個人性格冷淡、孤僻，但其實當事人根本不以爲意。

這樣的人疲於和人見面，所以就乾脆不出去見人。他們有可能會感到孤獨，但在人際關係中，比起失去自己的個性和獨立性，有更大可能會乾脆選擇孤獨。

對他人反應十分敏感的人，出現社會適應不良症狀的機率也會提高。心理上雖然渴望他人的認同和愛情，但因爲害怕受傷，最後就放任自己處於離群的狀態。越是這種類型的人，遇上尷尬或驚慌的情況，就得花越長的時間才能克服。因此爲了從一開始就避免這種事情的發生，他們會盡量遠離人群。

若要呼吸，就必須有空氣，但空氣中並非百分之百都是氧氣，其中還混雜著二氧化碳、氮氣和灰塵，即使如此，也不會影響到我們的呼吸。**人際關係就像空氣，其中有我們所期望的完美關係，但有時也會伴隨著焦慮、恐懼和意外的創傷**，因此，我們必須承認這一點，並勇敢地嘗試建立人際關係。

最重要的是，要先找出讓自己產生不適應社會的心理因素，並且試著接受它。因爲這麼做或許會反過來成爲一個轉機，讓我們得以減輕社會適應不良的症狀。就算是一個天性再怎麼溫和的人，如果一直處在緊張和焦慮的折磨下，難免會出問題。正如前面所提過的，我們在人際關係中所感覺到的焦慮、緊張、害怕，就和空氣一樣是極其實際的情感，因此與其壓抑，不如坦然接受，就像呼吸一樣，而且，這麼做之後，就會感覺多少放鬆了一些。

3 連小事都猶豫不決

芝雨不久前在超市買菜時，經歷了一件讓她有點驚慌的事情。一位看起來和自己年齡相仿的人，拿起一包袋裝小魚乾又放下，這動作至少重複了二十次以上，一直拿不定主意。當然，也有可能是在精打細算之餘，爲了挑出一包最好的才這麼苦苦掙扎吧？但從他的態度可以看出並非如此，他只是無法決定該挑哪一包，而有點不知所措罷了。後來，大小一樣的包裝袋他至少又重複了十次拿起、放下的動作，好不容易在購物車裡放入一包，才走到另一個角落去。

但讓芝雨感到慌亂的是：她在那人身上看到了自己的影子。她連買一把蔥都要挑三揀四，下不了決定，如果旁邊有人，這種症狀會更加嚴重，所以每次去超市她都盡量自己一個人去。芝雨在這一刻下定決心，以後在超市裡無論買什麼，都要把第一眼看到的東西拿起來，直接放進購物車裡。雖然事情總是說得容易做起來難，但從那之後，每次去超市時，她都會咬緊牙關，努力做到這一點。每當她感到徬徨不定時，就會想起那個讓自己覺悟的人。

也許有很多人會把這當成別人的故事聽聽就算了，但有些情況對A來說兩三下就能解決的事情，對B來說卻是比死還困難，下決定也是其中之一。A是相當果斷，一旦決定之後就會毅然推動的類型；B是優柔寡斷到令人懷疑有選擇障礙的程度，做任何事情都希望由對方來決定的類型。

舉凡大小事都拿不定主意、做不了決定的人，通常在人際關係的模式上，「非自我肯定量表」的分數會非常高。所謂「非自我肯定」是指比起自己的主張，更容易迎合對方、被對方牽著鼻子走的一種傾向。（其中大部分都會過於考慮他人立場，「過度順從和自我犧牲」量表的分數也很高。）前述的芝雨在結婚前，幾乎所有的事情都是由父母或男友爲她決定。婚後至今，當初的男友成了現在的丈夫，也仍舊在替她做決定。

這類人所表現出來的人際關係模式也牽涉到「認同渴望」，他們強烈希望能藉著取悅對方來獲得認同，結果造成無法拒絕他人請託，而且對他人的欲求過於敏感，重視對方的欲求多於自己所願。另外，他們也會表現出想藉由幫助他人，來拉攏對方的傾向。

這類人表露出來的另一種特徵，就是對資訊的處理有可能敷衍了事，例如像是認眞在看，其實馬虎看過；彷彿側耳傾聽，其實是左耳進右耳出，諸如此類。這是因爲他們開啓了一種迴避機制，也就是說，對於負面或潛在可能感到傷心的資訊，一概主動迴避。如此一來，往往會發生壓縮資訊或故意忽略的情況，結果就是當必須決定某件事情的時候，因爲缺乏正確資訊而難以下決定的惡性循環。

無論理由爲何，有選擇障礙的人很少出現像芝雨一樣能自行覺悟、用心改正的例子。但少有不代表沒有，因此**努力踏出第一步很重要**。

首先要練習「一旦決定就不要推翻」，所謂「決定」，也包括放棄自己沒有選擇的東西。選擇的訓練也最好從小事做起，讓自己只有一次的選擇機會。例如，買零碎物品時一次選定、吃炸醬麵還是辣海鮮麵一次選定、猶豫要不要打電話時也一次就做出決定。

雖然之後可能會後悔，至少在必須做決定的當下，可以減少一些內心的煎熬。而且，**人生中無論做什麼決擇，總有後悔的時候，所以就從小事開始練習，不要猶豫過久，一次就做好選擇**。

4 犧牲徒留創傷的關係

一提到「愛管閒事者」，就會想起以人脈廣而自豪的人。這些人不只是手機裡儲存的電話號碼數量很可觀，還會發起各式各樣的聚會，有時爲了自身利益，會亮出聽起來很嚇人的頭銜。

但是，也有一些善良的愛管閒事者，是眞的出於善意想幫助別人，他們會不自覺地爲別人的事情四處奔波，奉獻自己的時間和精力。雖然也會感到辛苦，但他們將之視爲理所當然，並不會特別計較，只要能將善意傳達給對方就心滿意足了。

民俊也屬於這種類型，當年流行「義氣！」這句話的時候，大部分的人都把這話當成玩笑，只有他不是。民俊對這話深有同感，對身為「義氣男」的自己感到十分驕傲，只要有人來拜託他，他就會放下手上的一切事情為他人奔走。當然，很多時候都必須犧牲自己的時間、金錢和精力，但他從來不把這些看做是犧牲，認為無論大小事，只要對別人有所幫助，一點小小的犧牲算不了什麼。

周圍有不少人都稱讚他夠義氣，於是他也越發賣力地為他人的事情奔走。

然而有一天，他在公司的洗手間裡聽到兩個同事在背後說他壞話，先是一個同事針對民俊跟另一個同事說：

「什麼義氣男呀，我從來沒看過那麼愛管別人閒事的人，他以為自己是誰？超人、鋼鐵人，還是洪班長①？怎麼看都有點不太正常吧！」

接著，另一個同事嘲諷地說：

「沒錯，那種人就該把他送進國會。誰知道呢？說不定哪天就眞的宣布出馬競選。」

那天，民俊深受打擊，尤其那兩個同事平時對他的行爲總是豎起大拇指，稱讚他「又酷又讚」，他因此開始懷疑自我。

有句話說：**「任何人際關係的背後都具有明確的動機，才能創造出現在的關係。」**這話言之有理，對民俊而言，占了最大比重的動機就是想獲得人們的認同。因此，只要對方表現出「有事想做」的樣子，自己就會盡心盡力地主動給予協助，有時是對方主動尋求幫助，但大多數的情況是民俊早先一步上前試圖提供幫助。一般的情況是在對方表達感謝之意後，民俊會因爲這份感謝，而更加賣力扮演好義氣男的角色，但是，那兩人怎麼可以說他不太正常呢？民俊實在無法理解現在的情況，他感到爲難和驚慌。

①二〇〇四年上映的韓國愛情喜劇片，「班長」是韓國鄉鎮單位最基層的行政職，片中的洪班長是一個對街坊鄰里大小事無所不知的萬事通，熱情且精力旺盛，喜歡幫忙大家解決問題。

民俊是個好人，這點無庸置疑，他的多管閒事也是出於善意，只不過他並不知道多管閒事有時是由「拒絕焦慮」所引起的。越強烈渴望在社會上得到認同的人，內心深處就越會產生「萬一無法得到認同或遭到拒絕的話該怎麼辦？」的焦慮。在這種情況下，有時就會不知不覺地做出某些行爲來討好對方，甚至不惜犧牲許多事情。到了最後，即便對方根本不需要，自己也會主動上前想提供一臂之力，卻從來沒想過自己的行爲對對方來說是多餘的干涉，或者被認爲是「做得太過頭了」。也就是說，民俊作夢都沒想到自己的行爲會引起反彈，只是埋頭向前跑而已。

當然，助人爲樂是一件好事，盡心盡力幫助別人的行爲不應該受到指責。然而，即便是助人，做得太過頭就會成爲問題。尤其對個性獨立、主見明確的人而言，這不只會成爲累贅，更甚者還可能惹禍，因爲他們有可能認爲這是任意侵犯私人領域的行爲。

民俊在接受了人們會那麼想的事實之後，才終於在某種程度上對自己的行爲踩了煞車。換句話說，「過猶不及」也適用於多管閒事。

5 只是誠實面對情感而已

並不是只有被別人利用、任他人擺布的人，才會在人際關係中受到傷害。朱媛自認是一個誠實面對情感，時而充滿正義感的人，問題就出在她平時打電話給朋友們的頻率太過頻繁。

今天公司裡某某組長當個上司就以爲自己多了不起，煩都煩死了；後輩誰誰誰自己缺乏社會生活的基本素質，竟敢說她「倚老賣老」；搭地鐵的時候，一群沒教養的人在車裡大聲喧嘩，如果手上有水瓶的話就潑他們一臉，沒能那麼做眞氣人等等的抱怨，差不多已經成了固定內容。即使如此，這種程度還算是可以忍耐，不管怎樣，如果按照她說的，對方多多少少一定有錯，但是朱媛說起話來就像這世上只剩她一個人有良心、有規矩似地，朋友們都感到很厭煩。

朱媛平時也會突然發起脾氣來，例如晴朗的日子忽然發脾氣說會長雀斑；下雨天時會不高興地說會弄濕鞋子；看到經濟寬裕的朋友又會發怒說：「錢還挺多的嘛，命眞好，嫁了個有錢丈夫！」等等，讓人聽得很厭煩。更嚴重的是，每次自己心情憂鬱的時候，就打電話給身邊所有人說：「我現在快憂鬱死了，趕緊安慰我！」如果朋友不理她，她又會因此大怒。

周圍的人一個接著一個與她斷了聯繫，當朱媛再也找不到人可以打電話的時候，她陷入了巨大的衝擊，不知道自己究竟做錯了什麼。

「唉唷，對方有錯在先我怎麼可能不生氣？生氣就說生氣，討厭就說討厭，心情不好就說心情不好，有什麼奇怪的？哪有不滿還往肚子裡吞的道理？」

有些人就像朱媛一樣難以控制憤怒的情緒，反而認爲自己是正直、有良心的人，看到不對的事情就如鯁在喉、不吐不快，這些人對小事有嚴格的標準，動不動就發火，從他們的人際關係模式來看，幾乎大部分都帶有攻擊性的掌控欲。總之，就是一種想隨心所欲地掌控情況，一不如意就會生氣，還會培養出被害者意識的類型。這樣的性格如果再加上自認是正義人士，那可說是最糟糕的組合，因爲信念越堅定，就越會合理化自己的行爲。

在心理諮商期間，朱媛坦言：「我以爲世上所有人都跟我一樣，結果到現在都沒學會該怎麼忍住憤怒，溫柔、委婉地說話。」這類型的人首先必須理解，自己的人際關係模式充滿強烈的攻擊性和掌控欲，自己會因此頻繁發怒。需要這麼做的原因在於，他們很有可能不知道這一點，前面也提過：我的內心有著太多連我都不知道的我。但顯然在大多數的情況下，內心這麼多的「我」裡面一定會出現較爲突出的類型，這個「我」就會對個人的人際關係模式產生巨大的影響。也就是說，「強行壓抑情感的類型」和「所有情感外露的類型」一定會有差別，而兩者的差別不僅塑造出不同的人際關係，有時還會影響個人的生活面貌。

因此，**每個人都有必要深入思考自己的人際關係屬於哪種模式**，然後就會對對方至今令自己難以理解、無法忍受的行爲有一定程度的理解，如果能藉此讓雙方慢慢摸索出和諧相處之道，那麼，個人的人際關係必然也會有相應成長和發展的一天。

6 太過自以爲是

我們每個人都是以「自我」爲中心，就算平時不是，在危機時刻也幾乎沒有人不露出那種面貌，我自己也是如此。我們在人際關係中之所以會感到失望，難道不是因爲看到某些人平時裝著大公無私，關鍵時刻只考慮自己的緣故嗎？

世上確實有些人善變、自我、自私，讓人不得不懷疑他們有性格上的障礙，這類型的人物裡，最有名的當屬史蒂夫·賈伯斯。在他的傳記中，他的前女友緹娜·萊茲（在賈伯斯和妻子羅蘭結婚前，周圍的人就曾經熱烈討論過萊茲和羅蘭哪個更美）對他的批評一針見血：

「史蒂夫似乎有自戀型人格障礙，我後來才發現，期待他成爲一個多點體貼、少點自我的人，就像期待盲人看得見一樣。問題似乎在於共情，他是一個缺乏共情力的人。」

有趣的是，蘋果公司的另一位合夥創辦人史蒂芬．沃茲尼克，則和賈伯斯屬於完全不同的典型。聽說沃茲尼克是一個可以坦然說出「如果有人對我做了壞事，我不會迎面反擊，反而會認爲，我們應該以善意和發自內心的愛來對待他們」的人，他也眞的做到了這一點。與他相反的賈伯斯，則是出了名的剛愎自用、獨斷獨行者，也是典型的自戀者。但或許正如某個人所說，他是一個「光芒耀眼的卓越人物，所謂的規矩不適用在他身上」。即使如此，他的自傳也揭露了，因爲他的極端自我中心而受到傷害的人不在少數。

在這方面，道元也是和賈伯斯屬於同樣類型的人，他認爲，世界是以他爲中心運轉，所以無論在哪裡，他都能毫不遲疑地表明自己的意思。他說話時，通常都會巧妙地踐踏他人以便抬高自己，再不然就是爲了獲取想要的東西而做出利己行爲。過程中，自然有一些人因他而受到傷害，不過對此他卻絲毫不在意，說不定也根本沒有意識到這一點，因爲打從一開始他就不在意他人，也同樣缺乏共情力。

道元從不吝惜強調自己的強項，當然，在現今這個時代，這或許還可以算是一大優點。事實上第一次見到他的人當中，就有人因爲他的口才和態度，認爲他是一個相當有魅力的男人。他的活力和自信，尤其是那份微妙的領導者凜然風範，都讓眾人傾心。當然，那些外在形象大多數只是他爲了操縱對方、供己驅使的一種舉措罷了，而他的領導者風範背後，隱藏著他想隨心所欲擺布對方的掌控欲。

在雙方關係建立之初，只有極少數的人能看出這點，大部分的人都爲他的魅力所傾倒。但只要過了一段時間之後，大家都會對他敬而遠之。因爲在關係尚淺的時候覺得他很有魅力，等到察覺他的用心之後，再也沒有人想留在他身邊，此時他就會用攻擊性的言辭來辱罵那些閃躲自己的人。

這個類型通常和前面所述無法調控憤怒的類型相提並論，他們會對傷害自己或勸戒自己的人懷恨在心，對他人的創傷卻麻木不仁，表現出攻擊性。他們的另一種特徵就是感情起伏劇烈，給人情緒不穩定的印象，有時表面上看似情感豐富，但其實只限於對自己的痛苦如此，對他人的情感大多不予理解或關懷。

每個人或多或少都帶有自以爲是的傾向，但這類型人尤其嚴重。因此當問題發生時，他們不會接受自己所忽略的關鍵因素，即使周圍有人告知，也只會暴跳如雷地反駁，而且會堅信自己根本沒有做錯任何事，如果有人指出這一點，他們通常會自我合理化，甚至是理智化（剝離情感，透過理性和知性的分析，來處理問題的防禦機制）的高牆來包圍自己，所以很難突破高牆接近他們。例如，如果有人說：「你太過自我了！」他就會反駁：「唉唷，身而爲人，有誰不是以自我爲中心的？你沒讀過《自私的基因》（理查．道金斯著）這本書嗎？」諸如此類。

諷刺的是，這種以自我爲中心的人不太在意人際關係，越自我的人越自戀，精神醫學家卡倫．荷妮稱之爲「自我優越感」，也就是說，**想在自己周圍打光、照亮**

自己，結果這光芒卻讓自己看不到別人。

道元就屬於這種類型，到最後，他身邊連一個可以分享心事的密友都沒有，儘管他表現出毫不在意的模樣。與其看穿自己的處境（這當然是不可能的事情），他寧可相信是自己太過優秀、聰明過人，別人都是出於嫉妒才疏遠自己。也因此，到最後痛苦的不是當事者，而是那些必須經常看到他的人。要說有哪裡值得慶幸的話，就是可以「把他當成反面教材來反省自己」，這樣說會不會太過分？大概不會吧。

我建議自我中心的人應該了解自戀的正面作用。如果說自戀的負面作用是「自以爲是」的話，那麼正面作用就應該是如同**「我的想法對我來說是對的」一樣，接受「對方的想法和價值觀對他來說也是對的」**。而且，如果能做到這一點，就不會將自己的價值觀或想法強加在別人身上。

另外也有必要知道，我討厭什麼樣的人，我自己就是那樣的人。越是自我中心的人，越無法忍受他人表現出和自己相同的傾向，總是想修正對方，結果反而從對方身上看到自己的影子。因此，**如果在身邊看到討厭的人，就試著把自己代入對方**。還有，努力了解人類的心理也很重要，因爲一個人即使再怎麼自我，只要願意探索內心，會比較容易接納治療師的建議。希望大家都知道，爲了避免因爲身邊所有人的疏遠而受到傷害，每一個人都毫無例外地需要付出最起碼的努力。

7 沒有可以傾訴的對象

瑞鎮開始考慮分手，因爲他的女友總是希望無論她說什麼、做什麼，自己都可以感同身受，給予聲援和支持，瑞鎮對此感到厭煩。這種事他根本做不到，到目前爲止也從來沒有對任何人產生過移情作用，更何況是感同身受，這對他來說是很離譜的事情。他是一個在任何情況下都要根據理性、邏輯性的標準來看世界的人，在發生問題時，原則上也要以冷靜、理性的方式來解決，每次看到人們感情用事，對問題執迷不悟、悲憤交加的時候，瑞鎮就覺得完全無法理解。

他尤其討厭那種一味炫耀親密關係的類型，還有不知天高地厚、愛管閒事的人也是他鄙視的對象。當然，他不會流露出來，表面上也會適當地與大家同聲附和，所以身邊還是有不少朋友。因爲只要他願意，他隨時都可以表現得像一個親切、寬容的人，但是，外表越是如此，內心其實越冷漠。

瑞鎭在心理測驗中評量對他人的親密感、表達愛意、同情心、共情能力、關懷、寬容等性向分數非常低。另一方面，他的個性非常獨立，並且有強烈的自我中心傾向，所以在人際關係中幾乎不會有親密或共情的感受出現，取而代之的是，他總是以理性的尺度和條理分明的邏輯性來衡量他人，因此瑞鎭在他人眼中，常被視爲是一個具有倫理道德、公正無私的人。但是，如果有人想稍微親近他一點，往往會有碰壁的感覺，而且他表面上看似一點問題都沒有，卻會讓人感到城府很深。

一般來說，當一個人煩惱著想和女友分手的時候，通常會向要好的朋友傾訴，徵求好友的意見。但這對人際關係模式接近冷淡型的瑞鎭來說，同樣也是做不到的事情，因爲他的身邊雖然有朋友，但交情都很淺，而且打從一開始，他的腦中就沒有過要向哪個人請教的想法，更不會想到傾訴眞心這種事情。

因此，在和這類型的人建立關係時，**最好保持一定的距離相處**。即使自己不想那麼做，但既然知道對方希望如此的話，也只能照做，否則很有可能會因爲對方的無情和冷漠而使得自己受到傷害。

我曾經和一個因爲童年創傷而失去七情六慾，也遠離人際關係的人進行過心理諮商。我對他說：「太讓人心痛了，如果你一直以來都能感受七情六慾的話，你大概不會像現在這樣無動於衷吧！」才剛說完，他突然哭了起來，接著坦白地告訴我：「過去我無法理解人們爲什麼會哭，現在我才知道，原來哭是一件這麼痛快的事情。」

在治療這種冷淡型患者的過程中，最好像融化冰塊一般，讓他慢慢感受自己的情緒。再多的自負心、優越感、掌控欲，其實都源自於內心深處的自卑心和焦慮感。所以和冷淡型的人進行心理諮商，會發現很多情況都是因爲「拒絕焦慮」根植在心底，害怕自己會被拋棄所造成，所以他們乾脆選擇築起冰冷的高牆，來保護根深柢固的焦慮感。

如果自己是這樣的人，最重要的就是要**嘗試回想令你受傷的事件經過，將當時感受到的情感具體化，而且要試著思考那種情感在零分到一百分之間相當於幾分，試著練習將那時浮現腦海的回憶和想法寫下來。**這麼一來，隨著心底的硬冰慢慢融化，在人際關係上也會迎來溫暖的春天。

8 認真的人容易掉入的陷阱

日本有句俗話說：「風一吹，桶匠賺大錢。」這是一句讓人聯想到蝴蝶效應的話。風一吹，塵土飛揚；塵土揚起，患眼病的人就多。聽說在日本，盲人會去彈三味線（日本代表性的弦樂器，由三根琴弦所組成），因此患了眼疾而失明的人便跑去彈三味線，導致三味線樂器的需求大增。三味線是由貓皮製成的，因此貓的數量理所當然會減少；貓少了，老鼠就變多了；老鼠嚙咬木桶，桶主只好去桶店打新桶，所以風一吹，桶匠就賺大錢了。

這是比喻一個小小的偶然，有時會帶來完全意想不到的結果，其中也包含了要虛心接受這個結果的意思。從哲學的角度來說，人生可說是偶然、變數和矛盾的集合體，我們必須理解這個事實。

然而有些人對此感到難以理解，例如被「我一定要」的規範性思維所局限的人就是如此。乍聽之下可能會懷疑這哪有什麼問題，但一個人如果有這種想法，至少會引發下列的幾個問題：第一，出現意想不到的變數時，難以妥善應對；第二，會埋怨某個人造成這種局面，以至於爲了懲罰自己而浪費掉有效的精力；第三，將這種想法強加給其他人，造成人際關係惡劣。

晉升大企業領導幹部沒多久的勝秀想進行心理諮商，表面上的理由是和新上司之間的衝突。因爲勝秀對自己迄今爲止的成就感到十分自豪，相信已經在人生中盡全力追求完美，因此才得以晉升成領導幹部。這想法當然沒錯，問題在於，自認百分之百認眞誠懇的人所具有的攻擊性和憤怒，也同樣出現在他身上。

這種人最大的特徵就是不會輕易放過別人的失誤，更不用說是自己的過錯了，勝秀不僅對同事和下屬，甚至對家人也經常做出毫不留情的舉動。這類人的人生公式之一就是「因爲我是一個凡事盡心盡力追求完美的人，所以我一定是正確的」，因此對這種心中自有一把尺的人，就很難期待他們在人格上會有什麼魅力，勝秀也是如此。

在此過程中，隨著勝秀晉升之後有了新上司，問題就開始浮出水面。上司也和勝秀屬於同類型的人，或許該說是比勝秀更高出一籌的人，對他做的每一件事情都不滿意。不是勝秀做得不好，而是他的上司也認爲自己是世上最認眞的人，被自以爲是的思維所局限，如此一來就沒有一個下屬能令他滿意，勝秀自然也不例外。

生平第一次碰壁的勝秀，直到有一天眞的發生在停車場開車撞牆的事故之後，才決定接受心理諮商。

在第一回心理諮商時，勝秀做了心理測驗，結果顯示他屬於追求完美主義、缺乏彈性的類型，他跳腳表示難以置信。他認爲自己是一個多麼合理、有彈性的人，怎麼可能出現這樣的結果。他的反應從某方面來看屬於理所當然，因爲他一向自認是個認眞、正確的人，這種想法裡面也包括了自己是非常合理、寬容、有彈性的幻想。說不定他的上司也是這麼想的，因爲是同類型的人之間相互較量，所以很難得出結論來。

我向他說明了各種情況，尤其囑咐他要進行培養彈性的訓練。首先是請他把心眼的角度放寬一英吋。因爲缺乏彈性的人另一特徵是過於注重細節和強調邏輯，**若要改變他們的這一面，就必須稍微改變一下看待世界的心眼角度**。

「注重細節」的英文「meticulous」一詞，源於拉丁文「meticulosus」，表示「膽怯」的意思。換句話說，越是注重細節、追求完美主義的人，心裡就越膽怯。爲了消除這樣的膽怯，就必須有勇氣以新的角度來看待自己的人生，即使只是多了一英吋。

當然，勝秀一開始也非常抗拒，但隨著時間的過去，他也認清了自己的問題，接受「上司的模樣就是自己的翻版」這個事實。只要能像他一樣接受**「我們的人生**

充滿了偶然、變數和矛盾」的這個想法，就可以擺脫「我最認真，所以我最正確」的非黑即白理論。不僅如此，對於他人的過錯，也能寬容以待，就像理解「風一吹，桶匠賺大錢」的道理一樣。

第二章

受到傷害的人很多，卻沒有人製造傷害的原因

我們有允許自己自由的義務。

1 世上沒人比我更可憐

有比我想像中還要多的人認爲，在人際關係中只有自己受到傷害，而這種心態的背後主要出於自戀。

在他們的想法裡，基本前提類似「我是一個既善良又乖巧的人，這樣的我怎麼可能會做出損人利己或傷害他人的行爲?所以人際關係會惡化，都是對方的錯。我會這麼痛苦，都是因爲對方造成的傷害」。

這話聽起來或許有點殘酷，但有什麼辦法呢?誰叫人類基本上都很自戀。如果這種自戀出現病態傾向時，就會陷於自憐自艾，時刻想著只有自己在痛苦的境遇中、只有自己得不到安慰、只有自己最可憐……但也有可能反過來造成嚴重的自厭

（討厭自己）情況，這時也同樣會陷入不可自拔的被害者意識中，像是只有自己受到傷害，只有自己被邊緣化等想法。

與有婦之夫的上司陷入熱戀的芝安感到十分迷茫，花樣人生才剛開始的年紀，就經歷了一次錯誤的交往，讓她整個人變得十分頹廢。在陷入那場不倫戀之前，芝安只覺得連續劇、小說、電影以類似遭遇爲題材所拍攝的故事，都是別人家的事，還曾說到底要多傻才會陷入那種老套的戀愛中，結果最讓人不齒的就是她自己。

然而當芝安陷入相同處境時，情況又另當別論，她感到無比的淒涼、悲哀和痛苦。忍無可忍的她要求對方離婚娶自己，但從此以後情況急轉直下，男人開始避不見面，就像這種故事常有的結局一樣。

芝安對男人的怨恨、後悔、憤怒和被害者意識，讓她一心只想報復。淒涼的她做出了深具破壞性的行動，最後兩人都被迫離開公司。芝安的朋友實在看不下去，在朋友的協助下，她終於同意接受心理諮商。諮商初期，芝安的怒火讓她仇視整個世界，在她眼裡，世上只有兩種人——可憐的自己和幸福的他人。她說，除了自己之外，世上所有人都是幸福的，而她討厭所有幸福的人。

看著她，我想起了法國作家紀優．穆索書裡的一句話：「這世上之所以有那麼多人看起來很幸福，是因爲他們都是過來者。」

然而有一天，她做了一件饒有興味的事情，她竟然開口勸慰被男人背叛而深感痛苦的公司後輩：「反正只是該離開的人離開了而已，妳一個人再怎麼咀嚼苦果，吃虧的還是自己。男女分手的時候，就要痛快地好聚好散，不然整天埋怨，一心只想報復的話，最後只會剩下疲憊不堪的自己。所以妳也不要再浪費時間，忘了算了！」

對後輩說完充滿正能量的勸告之後，她被自己嚇了一跳。雖然這代表芝安的內心正在復原中，但她也想自問：爲什麼就不能拿勸告別人的合理忠告來勸自己？

她不勝唏噓地接著說：「如果當時我也可以用現在勸後輩的忠告來勸自己，該有多好？如此一來，我就可以避開那麼殘忍的考驗了。」

她的悔恨是造成心痛的主因，但人生在世，又有多少人一生中沒有一兩次陷在那種悔恨之中呢？就像也有名爲《如果當時早知道》（지금 알고 있는 걸 그때도 알았더라면）的詩集一樣，或許我們的人生就是由遲來的後悔和惋惜交織而成的。

爲什麼我們能勸別人，卻勸不了自己？

之所以能對別人的問題提出勸告，是因爲**覺得對方的問題只是件發生在生活中的普通事情，但是反過來，對於自己的問題就無法維持客觀的看法**，芝安的情況就是最好的例子。她之所以非要報復負心漢，就是因爲她覺得這不是普通的事情，而是「發生在我身上的特殊情況」。也就是說，同樣一件事可以發生在別人身上，卻不應該發生在自己身上。

我們每個人都是極端自戀的存在，總認爲這世上沒有人比自己更重要。阿根廷作家豪爾赫·波赫士在他的作品《小徑分叉的花園》（*El jardín de senderos que se bifurcan*）裡所說的那句名言：「數十、數千世紀的歲月流逝，但事情卻只發生在此刻；陸海空有千千萬萬的人，但眞有事情發生，卻只發生在我身上。」這句話意義何在？波赫士所描寫的就是人類只能掌握當下的現狀。

因此，像勸別人一樣來勸自己這件事本身，或許就是天方夜譚吧！如果眞有一個方法可以做到這一點，我想那就是努力擁有客觀的視角，承認發生在自己身上的各種問題只不過是生活中可能會出現的事情罷了，此時如果非要追究「爲何偏偏發生在我身上」的話，就傷腦筋了。

精神醫學家榮格證實，當一個人可以用普遍性的眼光來看待普遍性的問題時，就不會受到自身情結的影響，他透過語言聯想測試發現，當人們看到對自己有特殊意義的單詞時，聯想力就會減弱，例如，我和父親關係很好，那麼我對「父親」這個單詞就會有好印象。相反地，假設和父親關係不好，只要一聽到「父親」這個詞，我的心裡就會湧起對父親的憤怒。爲了掩飾這一點，我會美化父親，或者對普遍的父親形象感到憤怒。

他人的問題不會牽動自己的情感，所以能客觀地觀察問題，加以判斷。但是，情感會作用在自己的問題上，對背叛者的憤怒、因內心創傷所引起的憂鬱痛苦和悲傷、擔心未來會不會又發生同樣事情的驚悸和恐懼等等情感，就會對大腦發揮某種程度的作用。

「我氣到腦子裡一片空白，怎麼可能忘得了那件事」，正如說出這句話的人的情況一樣，思考和情感共存的例子比比皆是。根據最近的大腦研究結果顯示，情感和思考之間有著千絲萬縷不可分割的關係，也就是說，**思考會影響情感，情感也同樣會影響思考**。這也意味著一個人的情感波動越大、越強烈，思考也必然會受到情感同等強度的支配。因此，當情感掀起巨浪時，千萬不要做出任何決定，或者至少延後一定時間再做決定，才是明智的態度。

海面上波濤洶湧時就看不見海底，只有在海面歸於平靜之後，才看得清海底。人心也是一樣，當我心中各種情感掀起驚濤駭浪時，很難看清自己想要什麼、該走向何方。而且，不管是什麼樣的情感，都會隨著時間的過去而歸於平靜，這是精神機制爲了保護我們的心靈所發揮的作用。

事情已經發生了，如果一直執迷不悟，那就表示自己始終停留在過去。但是，我們必須面對的是現實，爲了在現實中活下去，就應該向新的事物敞開心扉，**如果一直執著於過去，心中充滿怨恨和被害者意識的話，就沒有多餘的空間接納新事物**。唯有認清事實、接受現實的時候，才能好好地感嘆一句：「是呀，當初明知道是錯誤的對象，還執意跟他交往，我自己也有責任。」

2 總是會有難以親近的人

恩書因爲無法輕鬆與人交往而煩惱，由於性格內向害羞，很難想像她會主動接近對方。唯一能讓她敞開心扉的朋友，就是高中時的鄰座同學。那位同學原本個性就很活潑，高一時兩人比鄰而坐之後，她便大大方方地親近恩書，也因爲如此，恩書敞開心扉和她成了好朋友。高中三年，恩書覺得有她這麼一個好友就夠了。

寡言又謹慎的恩書，很難交到其他朋友，原因在於她缺乏存在感。不過那也是她特意營造的，因爲她寧願死，也不願成爲眾人關注的焦點。如果說她在高中時期有什麼期盼的事情，那就是最好像個影子一樣，在任何人眼中都毫不起眼，她幾乎成功地做到這一點，除了那位鄰座同學，沒有人注意到她的存在。

上大學之後，恩書的性格也沒有改變，有時候看到一些同學可以隨心所欲地和想親近的人來往，她也會感到羨慕，但如果眞要她那麼做，又似乎做不到。有一次她跟好友說了這件事：「妳的精力怎麼那麼旺盛，和大家都能相處得那麼好，太神奇了！」結果她的好友說：「我喜歡認識人，只要遇到喜歡的人就想表達出來，然後就會不知不覺地接近對方，和妳也是因爲這樣才成爲好朋友的。像妳這麼冷漠的人，沒人來跟妳講話，妳就絕對不會先開口，我一眼就看穿妳了。」

恩書在大學期間不僅成績好，也累積了不少資歷，所以畢業之後進了一家大公司任職，和陌生人建立新關係。這次她想有所改變，想充滿自信地坦誠待人。然而，眞正要付諸行動時，她卻不知從何做起。心裡想著要鼓起勇氣，但眞的要做時身體卻先僵住了。

建宇則和恩書不同，很容易就能和陌生人打成一片，但和大多數的人都無法成爲交心的關係，通常只停留在君子之交淡如水的階段而已。他和大家相處的時候總是非常活潑，輕輕鬆鬆就能炒熱氣氛，他甚至還會事先記住一些有趣的故事，在適當的場合、適當的時機說出來娛樂大家，在這方面滿有天分的，因此只要有他在，聚會總是熱鬧非凡。然而這只限於和許多人相處在一起的時候，眞的要他和某個人兩人獨處的話，情況就會完全不同——他會發現自己和對方其實不如想像中那麼熟悉，躊躇之間，氣氛就變得相當尷尬。

他認爲人際關係中最重要的是「有趣」，所以他很喜歡每次因爲講笑話而讓在座的人大笑的場面，認爲在那一刻，似乎得到了人們的正眼相看。雖然他畢業於名門大學，又在令人羨慕的大企業任職，但每次遇到成就超過自己的人，就會覺得自己矮人一截。

在人際關係中，建宇非常努力想讓大家都認同他是一個不錯的人，然而這份努力中卻缺乏眞情實意。每當他在深夜躺在床上想起自己過於討好他人的舉止，又會因爲羞愧而變得鬱鬱寡歡，隨著時間的過去，一旦有人發現他缺乏眞心，便會對他保持一定的距離，建宇也因此無法和任何人發展出自己想要的親密關係。

就像這兩個人一樣，在人際關係中害怕親密關係的大有人在，如果詢問他們原因，大部分都有各式各樣的緣由，大概可以歸納爲下列幾種：

第一，他們從來沒有學到該怎麼表達親密和分享心事。這不是可以透過教科書來學習的事情，他們更有可能是在成長過程中，透過周圍人的反應來學習情緒的變化。但是，如果這樣的學習過程很不自然的話，難免就會出現問題。

第二，性格拘謹靦腆。前述的恩書就屬於這個範疇，像她這樣內向害羞，有時顯得木訥、冷淡的人，根本不會想到要主動接近別人。對他們來說，沒有比人際關係更難的問題，所以還沒嘗試就會認定自己絕對做不到。

第三，害怕遭到拒絕。這點適用於所有害怕親密關係的人，恩書想活得像影子、建宇想取悅所有人以獲得認同，這或許都源於害怕遭到拒絕的心理。害怕自己好不容易主動親近，卻可能遭到對方拒絕的恐懼，這就是問題的根源。有趣的是，每一個人好像都有類似的恐懼，差別在於能不能鼓起勇氣，積極克服這種恐懼而已。

影響人與人之間彼此產生好感的因素很多，但要說有哪一條法則放諸四海皆準的話，那就是**沒有人會討厭一個先敞開心扉接近的人**。

電影《巴格達咖啡館》就寫實地描繪出這樣的場景。荒涼沙漠裡有家咖啡館，偶爾會有大貨車來來去去，有一天突然出現了一名德國旅人，咖啡館的女主人根本沒有多餘的心力去注意這個肥胖、毫無魅力又帶著外國口音的怪女人。但是，自從這名旅人自願打掃房間，以及對女主人和她的兒子，甚至是其他長期住宿的客人釋出關心，終於讓一直拒人於外的咖啡館女主人改變心態，電影走向感動人心的結局。

電影發人深省，讓我們重新審視人際關係的不變法則，領悟到**如果想和某個人交心、和睦相處，最重要的是要先打開心門主動接近，並且堅持到底**。

不過，如果說人際關係還有另一條不變法則的話，那就是一定會有難以親近的人。

這個世界是由各式各樣的人所組成的，因此無論如何也一定存在與自己個性不合的人。村上春樹的某個短篇小說裡就出現過這樣一段話：「那種事誰都有吧？一生當中大概都會有一兩次無緣無故地討厭某個人。我自認不是那種人，但就是有人讓我討厭。而問題是，一般情況下對方也對我有同樣的感受。」

正如他所說，如果我覺得自己和對方合不來，對方一定會察覺到這點，也不打算接受我，那就沒必要再費力，彼此保持距離就好。萬一這種情況成了常態，也沒必要爲了「爲什麼我總是被人拒絕？」而感到遺憾。

相反地，當你找到願意敞開心扉一起相處的人時，就應該努力維繫這份關係。一開始確實會有點尷尬、有點害怕，其實這是每一個人在面對示好的問題時都會有的感受。而且我喜歡的那些人，他們同樣希望對方能先示好，當你對某個人產生好感，想親近對方時，務必要先想到這一點。因此，如果兩人已彼此交心，不妨銘記某位作家的下列這段話：**「我們在這索然無味的歲月裡渾渾噩噩地過日子，最終不就是爲了找到自己心愛的人，緊緊地牽住他（她）的手嗎？」**

3 在這世上受點傷害算什麼

有個男人總是對周圍的人充滿憤怒和被害者意識。

延庾是個經常而且容易受到心理傷害的人，他自認已經對大家盡心盡力了，不管面對什麼人都盡可能以禮相待，努力做到尊重對方的意見，也懂得適當地照顧他人。

但是自己卻得不到同等對待，反而常遭到漠視和排斥，大家對他一點禮貌也沒有，也不尊重他，更別期待有任何關懷。

他覺得和那些人在一起，似乎只有自己一個人受到傷害和痛苦，這讓他感到更孤單、難受。每當他看到那些對自己造成傷害還若無其事笑鬧的人，就會陷入被害者意識和憤怒之中，因此，他痛恨自己爲何在人際關係裡如此無能爲力，總是受到傷害，而這樣的自卑感也一直折磨著他——他時常會爲自己無法好好應付那些漠視他、傷害他的人而自覺可憐、愚蠢。然而最後，他也只是感歎一句：「我怎麼這麼無能呀？」就算了。

每次延庾進診療室坐下來之前，都會盯著我的臉好幾秒鐘，有一次我問他原因，他卻反問：「您也會對我的注視感到不舒服、覺得很有壓力嗎？」

我回答：「每個人都會這樣吧？」於是他接著說：「別人也說我的目光讓他們感到不舒服，但這就是一個習慣，我也改不了，可能是因爲之前在人際關係裡，總是受到傷害才養成的毛病吧？我只是想知道對方是什麼樣的人、會不會欺騙我、是不是雙面人。」

當我問他：「所以你如願以償了嗎？」他低下了頭。明知無法如願，卻改不了這習慣，這表示他的被害者意識已經深入骨髓。我告訴他：「見一兩次面是不可能看穿一個人的，你和我現在能進行這麼深入的對話，不也是花了很長的時間來了解彼此嗎？」也就是說，才見一兩次面就想完全了解對方，這同樣是出於不想受到欺騙的被害者意識罷了。

梨舒也是抱怨人際關係中，爲什麼只有自己受到傷害的人之一。爲數不多的幾個朋友偶爾見面，每次都只顧著說自己的事情，如果梨舒剛好有機會吐露痛苦的心情，她們的反應也只是以「這不是短時間內能解決的事情」打發過去。相反地，當她們有難過的事情時，如果梨舒也給出同樣的反應，她們就會大呼小叫地說「這話太讓人傷心失望」之類的話。梨舒覺得大家起碼都是朋友，不應該如此，所以她再也不想去參加聚會了。

家人對她也不太關心，更多時候反而是仗著家人的名義傷害彼此。出嫁的兩個姐姐也不管年邁雙親沒有經濟能力，不時伸手向娘家要錢，每次受害的都是梨舒，職場生活十年沒有一本零存整付存摺的人，大概只有她一個人吧。

在她看來，除了自己之外，其他人似乎都過著隨心所欲的快樂生活，只有自己受到傷害，痛苦難忍。這種想法越是揮之不去，孤獨感、疏離感和被害者意識就越嚴重，人際關係也會漸次崩壞。充滿受害者意識的她，碰到一點小事情就會勃然大怒，這也使得人們漸漸疏遠她。無法認清自身狀況的梨舒，只會捶胸頓足地喊著：「爲什麼只有我受到傷害？」

當我們覺得只有自己受到傷害的背後，其實也隱含著對對方的期待過高這個因素，「我認識的這個人至少應該爲我做到這種程度」的期待，就是問題所在。但是，不僅是在職場，就算是在家庭中，那樣的期待也幾乎無法得到滿足。因爲對方不是我，不知道我對他的要求和期待是什麼，所以從一開始就不可能產生要滿足這種要求和期待的想法。當然，你也可以反駁，他多少也應該擁有一顆理解和關懷之心，難道沒辦法做到嗎？當然一定也會有人這麼做。

但是，無論在何種情況下，都不會有人在我預想的時間、按照我的希望、了解我的要求、滿足我的期待。由此可知，人類是非常以自我爲中心的存在，比起對方的要求，自己的要求更優先、更重要。如果能有「好在人類的大腦中天生就有共情神經細胞，至少還能做到這種程度的共情和關懷」的想法是最好的。

我們都知道，**人際關係不是單方面一蹴而成的**。顧名思義，所有人際關係的先決條件就是相互溝通，那麼其中必然存在一定的規則，如果一次要求太多，就會造成對方的壓力。我們吃東西的時候也是一開始先吃前菜這種好消化的食物，然後才吃主菜，不是嗎？人際關係也需要這種過程和時間。

生活中，有多少人不曾在人際關係裡經歷過疏離感、受到傷害、痛苦難忍的時候？恐怕一個都沒有吧？因此，不要把那當成只有自己才會碰到的問題，如果能想成是每一個人都會經歷的問題，就不會那麼生氣、難過了。而且，也不要因爲一點小小的矛盾，就貶低整個人際關係。

不可以長期累積憤怒和被害者意識的理由之一，就是因爲在消解這種情緒時，會白白浪費掉寶貴精力的緣故，沒有人可以指望自己在憤怒的狀態下能產生新的創意，更何況在自己罵自己的情況下，這種情緒越來越嚴重的話，就會陷入神經衰弱的狀態，最後活得疲憊不堪。

因此，若想過著充滿創意性、建設性的生活，最好**不要對自己和對方抱有過高的期待，這樣才不至於陷入自卑和失望中**。另外，還需要努力不爲他人的眼光或評價而患得患失，要對自己有信心。

「智慧就是能夠正確分辨現實情況，哪種是我們可以隨心所欲自由創造的，哪種是無可改變必須心平氣和接受的。」這是塞內卡（Lucius Annaeus Seneca，古羅馬斯多葛學派著名哲學家、政治家）說的話。唯有努力擁有那樣的智慧，才能擺脫「只有我受到傷害」的被害者意識。

4 人生在世難免會有被誤會和誤會別人的時候

我們經常會搞不清楚「眞相」與「事實」的差別，認爲兩者是一樣的。例如看事情只分黑、白的時候，那眞正的「事實」是什麼？或許黑的、白的都屬於事實，因爲每個人都有權利和義務主張自己的經歷是事實，但是在兩者之間一定存在著某種誤會。黑色和白色是任何人都能一眼區分的顏色，然而如果一方主張是白色，另一方主張是黑色的話，就表示其中一方對情況的認知是錯誤的。

更糟糕的是，也有可能是哪個人惡意地指白爲黑，但顯然與眞相相距甚遠，這種情況下，眞相與事實就有天壤之別。然而，有太多的情況顯示，再怎麼堅持眞相，如果對方不相信，眞相也孤掌難鳴。如果一個懷有某種意圖的人堅持自己說的就是事實，那麼大多數的人就會相信他的話。到最後，受不了指責、被傷害的一方，永遠都是主張眞相的人。可惜現實就是如此，而且這樣的事情此時此刻也正發生在許多人際關係中。

志浩最近也遭遇了類似的事情，吃了很多苦頭。他說，當他身陷事件當中，感覺就像掉進了無法動彈的陷阱裡。最初事情起因於和同事的小口角，兩人之間微不足道的爭吵卻被渲染成激烈惡鬥，而事情也朝著對志浩不利的方向演變。志浩雖然感到荒謬無比，但他還是忍了下來，他相信最起碼同事們不會聽信一面之詞誤會自己。

然而到了最後，情況卻演變成他不得不將事情從頭到尾講個明白，以便澄清誤會。但是組長卻說有問題的那個同事，不至於因爲這麼一點小事就把事情鬧大，反而偏袒對方，覺得是志浩在扭曲眞相。組長還要他不可以再這樣，應該先去道歉，快點結束這件事。

儘管志浩再怎麼抗議這是誤會，眞相是如何也沒有用。這瞬間讓他再次體會到，想要把被扭曲、擴散出去的傳聞還原時，眞相已經不再有意義，也於事無補。

或許有許多人看到志浩的例子，覺得自己也有過類似的經驗，「有很多」這種例子代表什麼意思呢？這表示「眞相」和「事實」不同，兩者之間隨時都有可能出現誤解，同時也意味著，隨處可見因誤解而造成彼此傷害的事情。換句話說，**並非出現了絕對不該發生的事情，而是出現了完全有可能發生的事情**。所以即使意外地遭到誤解，心理受到傷害，也沒必要有太多的挫折感。

「好吧，如果你硬要把白色說成黑色，那是你的『事實』；但對我來說，白色才是『眞相』。所以怎麼辦？各行其道吧！」如果能像這樣想開點該有多好。然而，這是無法期待的事情，所以只好接受既成的結果，努力讓自己不要那麼憤怒。如果能做到這一點，就能減輕某種程度的傷痛和挫折。

事實上，人生中發生的所有事情，都取決於我們對事情的看法，無論是否有意識到，其實我們的感覺到死前都一直在發揮作用。感覺會影響我們的想法、行動和情感，而這些又會影響到我們的感覺。

最近腦科學家們就證實了這一點，他們發現愛情會使人盲目、憤怒會使人看不清現實，這也表示即使見到了一個聲望再好的人，倘若當時我心情不好，對他可能也不會有什麼好印象。在這種情況下，我所接收到有關這個人的「事實」，也可能並非「眞相」。當我到某個地方毫無保留地說起這個人時，他的好名聲就會出現裂痕，我也可能成爲一個扭曲眞相的壞人。

這麼一想的話，「別人無禮待我，不表示我一定要生氣」的等式就成立了。生活中難免會發生我誤會對方或被對方誤會的情況，就像我喜歡A的態度，所以稱讚他，但在場的另一個人卻有可能認爲我在討好A。總而言之，人際關係中有項原則一定要銘記在心，就是**我記憶中的事情不一定是「眞相」，也不一定是「事實」**。

小說《魅惑》的作者克里斯多福．普里斯特主張：「人們會爲了相應自己目前的形象而重組記憶，但不會為了正確地說明過去而這麼做。」因為我們在與他人見面時，會以某種方式塑造自己的形象來取悅對方或影響對方。

正如普里斯特所說的，想為自己塑造出可以取悅對方或影響對方的形象，而稱「假象」為「事實」的行為並沒有惡意。**真正的問題在於懷著惡意，將「假象」說成「事實」，在這種情況下，我們都不應該懈怠於尋找真相。**

理由正如美國作家菲利普．羅斯所說，某個人帶有惡意的謊言是「試圖用最令人不齒的方式，不費力氣地控制他人」。當然，知易行難，就像要嘗試做到寬容地接受我方的「眞相」和對方的「事實」有可能不同一樣，但是當對方乾脆顚倒黑白時，我們就應該為澄清眞相而努力堅持到底。否則這不僅是漠視眞相，也等同於將人生的主導權拱手讓給他人。

5「出自眞心」這句話的祕密

想想我們何時會說「我是出自眞心」這句話？通常是在傷害對方的時候。「我對你說這些話、做這些事都是出自眞心，是你誤會了我的眞心才覺得自己受到傷害。」除了在說這句話的時候以外，但其實用到的機會也很少。

當然，自己那麼做有可能是出自眞心，但如果對方無論以哪種方式因此受到傷害的話，再繼續主張自己是出自眞心就一點意義也沒有了。從某方面來看，**「我是出自眞心這句話用得越少，人際關係就越好」這個等式是可以成立的**。

即使如此，包括我在內的許多人爲什麼偶爾還是無法捨棄「出自眞心」這句話呢？

這和我們的下意識有關，我們每個人都希望在人際關係中，能藉由影響對方或取悅對方來得到認同、覺得自已不錯，於是，就會想盡辦法不希望自己的眞實形象暴露在對方眼中。因爲不僅沒有人能夠看透眞實的自己，而且就算能看透，也沒有足夠完美的人願意接受那個面貌。

我們很清楚，自己既聰明又愚蠢、既勤勞又懶惰、既大方又吝嗇、既誠實又滿口謊言，這種種面目就組成了「我」這個人。而且，我們幾乎是出於本能地不想讓自己愚蠢、懶惰、吝嗇、滿口謊言的那一面被人察覺。這種渴望如果朝著病態的方向發展，就會出現問題，會因爲不喜歡自己的這一面而鑽牛角尖、浪費精力，這種情況在精神科會被診斷爲神經衰弱。

所謂神經衰弱，是指沒有將自身精力用在具有創意性、建設性的地方，反而無謂地浪費掉的狀態。一旦達到神經衰弱的程度，會下意識地掩飾眞實面貌，只在他人面前表露想讓人見到的一面。這時，爲了消除焦慮感和歉疚感，會更常說出「坦白講」或「說眞的」之類的話。即使不到精神衰弱的程度，每個人也多少有點虛僞或帶著雙重面貌生活，而且還不想讓對方察覺到這一點。也許正因爲如此，才會在不知不覺中裝出更坦白、更眞誠的模樣。

雅賢和短暫交往了三個多月的男友分手，周圍人的反應成了一大問題。好友們異口同聲地說：「妳甩了條件那麼優秀的男人？而且是妳先提出來的？即使對方極力挽回？妳瘋了嗎？」「條件優秀」這話一點也沒錯，以一般的標準來看，那人眞的是個不錯的男人，顧名思義就是學歷高、外貌出眾、穿衣有品味，或許還不只如此，雖然這點也讓女人心裡感覺哪裡怪怪的。

眞正讓雅賢不滿意的，是他說話的語氣。不管說什麼，他總是習慣以「坦白說」這三個字起頭，而且在說話的過程中也會反覆使用好幾次「坦白說」，彷彿把這三個字當成前置詞一樣。在他常用的話語裡，也包括了「說句眞心話」這五個字。

一直聽著「坦白說」和「說句眞心話」這樣的語氣會讓人產生什麼樣的想法呢？女方說反而會讓人感受不到坦白和眞心。是啊，照理說眞正坦白、出自眞心的人，就不會一直把那種話掛在嘴上。不過，如果是一個實際上不那麼坦白、私心多於眞心的人，那就不得而知了。如此看來，他很有可能是爲了保護自己才會不知不覺地使用那種語氣，雅賢不過是看破了這點罷了。

而且，那個人還有一個不好的習慣，他會對處境不如自己的人說話非常不尊重。看到他的那種模樣，會令人不禁懷疑他的品性，和這樣的男人交往，對雅賢來說就成了一件痛苦的事情。

聽到雅賢提出分手，男人強烈表示：「坦白說，我懷疑妳之前都在耍我。否則，說句眞心話，我沒辦法就這樣和妳分手。」說畢，他大聲地要餐廳服務生送開水來，待服務生送過來，他又發脾氣罵說怎麼這麼慢，兩人的交往就在他一貫的方式下宣告結束。

然而從那之後，雅賢就被印上「甩掉好男人的可惡女人」的烙印，她坦言有段時間心裡眞的很不好受，因爲很難向任何人解釋她從那男人身上所感受到的失望。只是因爲對方說話語氣有點奇怪、有點低俗就甩掉一個條件這麼好的男人，連她的家人都無法理解。然而雅賢就是因爲那樣的語氣，反而無法信任那男人。這不是只有雅賢才會碰到的特殊情況，**「坦白」或「眞心」這種詞用得越頻繁，這個人就越遜色。**

6 沒有誰比誰更強

我們每個人都有雙重面貌，有時會覺得自己沒出息、想法消極，同時又會覺得自己是個正直、善良、憨厚的人，偶爾也不乏適當妥協的時候。但每個人都會這麼想：「再怎麼看，我也是個品行端正的人，雖然有時會發脾氣、會缺乏耐心、會鬧彆扭，但無論如何我絕對是個本性善良的人。當然，偶爾也不是沒有說謊、虛僞的時候，但這世上誰沒這麼做過？所以，我這種程度最起碼也該算是非常正直的人了。」

對此，美國做過一項實驗，在民意調查中詢問「如果有天堂，誰會第一個上天堂？」得到回答的統計結果，排名第三的是德蕾莎修女，第二是歐普拉．溫芙蕾，而第一名當然是「我」。參與調查的人當中，竟有高達百分之八十七的人這樣回答，理由自然是「因爲我最善良」。

人心就是如此！說實在的，如果連這種程度的自信都沒有的話，我們要如何在這險惡的世上好好地生存下去？

四十歲的俊誠從小就很少做出脫序的行爲，從小學到大學畢業，他始終過著「模範生」的生活，不僅在家守家規、在校守校規，而且成績也很優秀，這樣的好形象也一直維持到現在。因此，即使年屆中年，做爲「循規蹈矩者」，他還是堅持過著一絲不苟的生活。

如果俊誠早點出生的話，按照當時的標準，他大概會被冠上「竹子」的綽號，「竹子」自古以來就指具有「凡違背自己價值觀就絕不妥協」的氣概的人。身爲正人君子，至少也該具備「如竹般剛直的品行」，才能得到上下一致的「德高望重」讚譽。

然而，他並沒有被冠上那種古時美譽，反而被取了個「沙坑」的外號。「竹子」和「沙坑」，這兩個詞擺在一起未免也差太多了吧？但是這裡面就隱藏著俊誠的問題。

爲什麼會被人叫做「沙坑」呢？問題就出在他總是以自己的角度來評斷世界。因爲他認爲自己是個非常遵守規範的人，所以在他的意識中，也隨之產生了固定思維，認爲「我的所言所行都是正確的」。

而他的這種思維就成了問題所在，深信自己凡事守規矩，所以言行舉止都是正確的。其實到這裡爲止還好，畢竟有什麼樣的想法、抱著什麼樣的價值觀純屬個人自由。不過，錯就錯在他把那種信念也加諸到別人身上，尤其在現今各種價值觀共存的時代，他的行爲就顯得更離譜。

首先是家人之間出現了裂痕。結婚十年以來，俊成就一直對家計指手畫腳，這裡錯、那裡不對，連細節都要干涉。最後他的妻子忍無可忍開始反抗，他卻不明白妻子爲何如此。

「唷，難道我說錯了嗎？我只是要妳好好地做，妳這樣就受不了，跟我鬧，太不像話了吧！」

他的想法在公司裡也引發了不小的問題，正如前面所說的，如果只是他一個人保有這種想法沒什麼大不了，但他平時就很愛講話，對這個社會的政治、經濟、文化等所有方面都有他個人牢不可破的標準，只要有機會就想讓所有人都知道。

但是，聽的人會有不一樣的想法，組員們一致認爲他是「以絕對邏輯武裝的自以爲是者」，結果可想而知，只要有人的意見稍有不同，他就會毫不留情地臭罵對方是個差勁的人，而旁邊的人卻得繼續被迫觀看他罵人的模樣，隨之而來的反彈也是可預見的。

眾所周知，「沙坑」是指高爾夫球場擊球路線中一個填滿沙子的凹地，球只要掉進了沙坑裡就很難脫困，選手們也會因此吃上不少苦頭。針對俊誠的絕對邏輯——「我無條件正確，世界無條件要照我說的做」，周圍的人才會給他取了「沙坑」的外號，意思就是說，一旦被他的主張糾纏上，就像掉進沙坑一樣，無法輕易脫身。

當然，每個人都有自己的經驗之談，就像戀愛以悲劇結束的人，會認爲世上所有的愛情都充滿痛苦和悲傷一樣，健康的人無法理解生病的人、富人無法理解窮人、製造傷害的人無法理解受到傷害的人。**因爲一個人所經歷的、所看見的、所聽到的東西，就組成了這個人全部的世界**。

或許正因爲如此，我們在看待這個世界時，難免就會帶有偏見或先入爲主的觀念。所以，法國知名的精神科醫師弗朗索瓦茲·多爾托才會說：**「當你在自己身上發現你投射在別人身上的東西時，你就會成長。」**當一個人主張自己是對的、對方是錯的時候，卻在某個瞬間發現正好相反，這句話意味著，我們應該以更開放的角度來看待自己所不理解的人生背面。

有句話說：「沒有誰比誰更強。」這句話是要我們警惕「我最規矩、我最善良」的想法，一不小心就會變成唯我獨尊和傲慢。我建議俊誠多多培養幽默感，或許有人會反駁說，幽默感需要隨機應變的天分，有的人就是做不到。但正如「世上無難事只怕有心人」這句話一樣，隨機應變能力和幽默感也是可以透過努力和訓練來培養的。

「我最規矩、我最善良」的想法如果超過限度，只用黑白理論來評價世界和他人的話，也就沒有餘力來培養隨機應變的能力和幽默感，一個心胸狹隘、自以爲是的人是無法忍受自己成爲玩笑的對象。**但所謂幽默感，是指對自己的失誤還笑得出來的能力，只有對自己本身和人生，都抱著開放心胸和積極態度的人，才可能理解那種幽默**。另外，坦白說，「沒有誰比誰更強」也是我自己應該先牢記在心的一句話。

7

只差一點點，關係就變好

我們在人際關係中經常會產生一種錯覺，就是認爲自己必須表現得像對方一樣或比對方聰明，尤其爲了吸引對方的認同或信賴更應該這樣。然而事實並非如此，因爲每個人的想法都一樣，沒有人會希望對方比自己更能幹、聰明。

《權力的四十八條法則》一書的作者羅伯特·格林甚至進一步勸告，如果可以的話，最好表現得比對方愚蠢。

「如果考慮到自認聰明對虛榮心有多重要的話，那麼反過來就可以知道，斥責對方愚蠢是多麼大的侮辱，也是多麼不可饒恕的罪過。懂得利用這點，就能製造出天大的騙局，所以最好在對方心中深植他比你聰明的想法，甚至做點蠢事也好。那麼對方就會以爲自己比較聰明，也不會再懷疑你。（……）人們一旦相信你不如自己，就不會懷疑你有其他意圖。」

當然，也許沒有必要像他說的那樣，爲了製造騙術而做到那種地步，但也幾乎沒有人因爲表現得比對方聰明而得利，原因就像自我啓發書籍裡常出現的金句一樣——誰都不願意別人超越自己。

宇進是個讓人一看就覺得他「腹中有料」的類型，實際上，他不僅是從事專業性工作的精英分子，也以相當於藝人水準的時尚感而深感自豪。他只要一開口，就會有許多人稱讚他「博學多聞」，折服在他流暢的辯才下。因爲如此，他有了幾名追隨者，這些人大多是拜倒在他用口才和知識分子身分包裝而成的領導魅力之下。

他爲自己的人脈感到自豪，喜歡四處在人前露臉，其中也不乏知名人士。每次聚會，他都忙著賣弄口才，極力想讓大家知道他見識廣博。面對他的口才，有時人們會放聲大笑或一起不熟裝熟。偶爾也會有人稱讚他「你太棒了！」每次他的腦中都會分泌大量多巴胺，因爲他十分滿足於人們認同他的聰明以及自己給人留下深刻印象的想法，這樣的滋味讓宇進即使老是東奔西跑也樂此不疲。

然而，宇進在自己的專業領域裡反而得不到認同，他認眞工作，也取得了不錯的成果，他衷心希望人們能肯定這一點，因此只要一有機會，都不忘表明像自己這樣聰明能幹的人，認眞工作時會取得什麼樣的成果。奇怪的是，他並沒有感覺到自己獲得了前輩或同儕的認同和信賴，畢竟他也是人，有好幾次都爲此深感挫折。

最後，他得到了一個結論，別人之所以沒有正確評價他的能力，是因爲周圍的人都嫉妒自己聰明。宇進認爲，前輩或同儕中沒有人像他一樣有追隨者，或是在聚會中以出色的口才征服在座人士，因此他們會心生嫉妒也是在所難免的。

有時，他也會感到難以忍受的孤獨，大家都是爲了生活做同樣的工作，只因爲自己比他們聰明、有前途，就暗中排擠他。不過在經過幾次心理諮商之後，他總算慢慢察覺了問題所在。正如宇進所主張的，他是一個頭腦清晰的人，所以一下子就能抓到重點。他的問題之一，就是他雖然聰明，但也像大多數對人類缺乏理解力的人一樣，過於自命不凡，身邊的人必然會對他敬而遠之。

但是，他並未向同儕或前輩們道歉，因爲不管怎樣，他們的做法也有點過分。相反地，他開始默默地努力改變形象，聚會減少了，話也說得少了。現在，他還是非常聰明，但再也不會拿這來炫耀，因此在不知不覺間變成了一個看起來更好的人。

研究莎士比亞並撰寫專論的美國心理學家喬治・溫伯格認爲，人們喜歡能讓自己心情愉快，類似「法斯塔夫」的人物。法斯塔夫爵士出現在莎士比亞的好幾齣喜劇中，他的存在讓整齣劇充滿了活力。他喜歡到處遊蕩，愛說謊也愛吹牛，又有點愚蠢，是個逗人發笑的人物，但同時也是個熱力四射的人物，每一個看到他的人，都會覺得自己比他稍微優秀一些。

法斯塔夫在劇中有這樣的一句臺詞：

「我不但聰明，而且還把我的聰明借給別人。」（I am not only witty in myself, but the cause that wit is in other men.）

他有卓越的才能，卻把這份才能用來凸顯別人，所以才成爲了一個充滿魅力的人物。

當然，人類的虛榮心是不允許自己那麼做的，我們每個人都很清楚這一點。所以，即使達不到法斯塔夫爵士的境界，也**不妨讓對方看起來，比自己稍微顯得聰明一點點**，如何？一點點就好，不需要更多。如此一來，我方不會覺得那麼委屈，對方會覺得自己比我方聰明。相較於戰戰兢兢、互不相讓的人際關係，我覺得這是一筆不錯的交易。

8 沒禮貌會讓人好感盡失

前不久有機會和大學恩師見面聆聽教誨，當時雖然是在商議私事，但對話很快就轉到了專業領域，聽著老師的各種高論，感覺像是又回到了大學醫學院時期。

不過，在說到某個話題的結尾時，老師使用了一個有趣的表達方式。他說，從禮貌上就能一眼看出這個人頭腦好不好。一個人頭腦不好的話也會很沒禮貌，到哪裡都擺出「我就這副德行」的模樣，但自己卻不知道這一點，還是我行我素地過日子。我平時從來沒有把禮貌做這樣的聯想，所以覺得老師的話很有意思，也馬上表示贊同。

禮貌可說是一個人所具有的價值觀總和，越明智的人，其價值觀也越正確。例如，一個人如果具備開放的心胸、均衡的視角、寬容和愼重、公平和勇氣的話，就不需要特意做出禮儀周到的態度，舉手投足間自然會流露風采。

相反地，一些舉止粗魯的人，很多通常也都是心胸狹窄、傲慢、思想狹隘的人。總而言之，越是一個愚蠢、價值觀也很糟糕的人，就越會到處橫衝直撞、自貶身價。如果不幸必須目睹這般情景，那種尷尬眞是言語難以形容，只能怪自己運氣不好。

當然，世上的人百百款，什麼事情都有可能發生。即便知道這一點，有時碰到太過無禮的人或遇到過於荒唐無稽的事情還是會生氣，這也是人之常情。就這點來看，生活中最重要的事情之一就是禮貌。

舉一個朋友的親身經歷爲例，是發生在一個社交聚會上的小騷動。原本朋友以爲只是五、六個人一起的小聚會，就輕鬆赴會，實在沒想到會發生那樣的事情。當時除了平時常聚在一起的幾個人之外，還有個自稱是某企業總經理的人同席，他的態度簡直是目中無人。

在座的人當中，無論從人品或社會聲望來看，沒有一個人比他差，但是他一點也不理會當下的氣氛，一個人高談闊論，裝出一副無所不知的模樣。不只如此，還對餐廳服務人員說出近乎性騷擾的粗話，令在場的人目瞪口呆。後來才知道，那位總經理最近成功地完成一項工程，賺了非常多的錢，或許，就是這點使他變得傲慢又惡劣。

結果，還是由其他人出面向服務人員道歉才結束了這場風波，朋友感嘆那滋味眞不好受，還說眞該有專門教育那種人的禮儀學校才對。我想起恩師的話，或許我應該安慰朋友說：「他頭腦不好才會那樣，說不定教過之後他又忘記，再次故態復萌！」。

俗話說：「鐵鍊的強度取決於最弱的環節。」這句話也包含了要人好好修整自己的致命弱點或缺點的意思。每個人必然有一兩處弱點，而聰明的人就懂得努力補強自己，最起碼也會具備足夠的禮貌，不至於在他人面前暴露弱點。相反地，就像前述那位公司總經理一樣，連禮貌就是他的致命環節也不自知，賺再多的錢、有再大的成就，一旦待人無禮，就得不到相應於自身成就的肯定。

《孟子》一書中有關於「人皆有不忍人之心」的段落①，又有「隘與不恭，君子不由也」的說法。如果以現代的方式來解釋的話，或許就是「要成爲有品味的人，首先要具備良好禮儀」的意思。

西班牙哲學家巴爾塔沙·葛拉西安也補充了一句話，他的話更直接：「無禮會讓一切變得卑劣，包括正義和理性在內。但成熟的舉止可以彌補所有的不足。（……）端正的言行可以擺脫任何的困境。」

能樹立正確的價值觀，並根據自己的價值觀勇敢地生活下去，這才是葛拉西安所說的成熟舉止的基礎。

作家保羅·奧斯特（Paul Auster，美籍猶太裔小說家）在自己的書中將這種有禮貌的人稱爲「藍隊」，凡是具備出眾的幽默感，懂得欣賞人生的諷刺，並能正確理解無稽之談的意涵，帶有一定程度的謙虛和愼重，而且待人親切、心胸寬大的人，都有資格加入「藍隊」。

我們身邊必然存在著足以加入「藍隊」的優秀人士，遇到這些人，會讓自己也連帶著有好心情，甚至會下定決心自己也應該像他們一樣生活——雖然要做到有點困難。相反地，有時候也會因爲對方的無禮而生氣，遇到這種人，我們會自然而然地下定決心絕對不能成爲那樣的人——雖然要做到同樣有點困難。

---

①《孟子》〈公孫丑〉上篇，孟子將「不忍人之心」擴充爲「仁義禮智」四端。

有一次在某個聚會上，有位自稱是企業高層幹部的人抱怨大家，爲什麼都討厭自己，所以想進行心理諮詢。

「不說別的，我覺得自己還是有點領導氣質的。事實上，我眞的很善待下屬，但這些人對我總是陽奉陰違。還有喔！我稍微打聽了一下，發現竟然有人在背後說我的壞話，這讓我有強烈遭到背叛的感覺。」他一臉委屈地說，還抱怨自己對家庭盡心盡力，卻是家裡最不受尊重的人。雖然我只是偶然在聚會中認識這個人，卻也能推測出這個人的問題所在。

總而言之，他就是一個非常粗暴的人，尤其對待社會地位不如自己，或者不是有錢人、學歷較低的人，就會露出一副瞧不起對方的樣子。

這樣的人，誰都不想親近他，大家腦子裡都會想：「維持現有的關係就好，免得哪天遭殃。」或許我也是有同樣想法的人之一，所以只是很鄭重地說：「我不在聚會上進行夜間診療，如果有需要心理諮商的話，再請您到診所來。」我以爲他應該會對我一直耐心聆聽他的話表示感謝，沒想到別說感謝了，他一副「那就算了！」的模樣，皺著眉頭走到別的地方去。果然是個沒有禮貌的人。

借用葛拉西安的話，這個人因爲無禮，使得自己變得卑劣，只是他自己不知道罷了。如果從現在開始他試著努力端正言行的話，很多事情都會有所不同。不僅能擁有足夠的智慧擺脫所有的困境，還能以成熟的禮儀得到所有人的尊重。然而要做到這一點，首先他得認識到自己必須有所改變，但他能否有此認知就很難說。

我個人並不認爲葛拉西安所說的「成熟的禮儀」有什麼特別之處，我覺得，只要**自己能建立正確的價值觀，按照這個價值觀勇敢地生活，就是那種禮儀的基礎**。

愛蓮娜·羅斯福（前美國第一夫人）曾經說過：「即使是一個資質平庸的人，也能找到廣泛而充實的生活方式。（……）我只有三項資產，就是我對任何事物都充滿了興趣、將所有的挑戰視爲學習的機會、內心擁有強烈的熱情和自律性。」我認爲她所說的這三項資產，和保羅·奧斯特所說「藍隊」的條件相差無幾。

我們之中應該是沒有人敢堂堂正正地主張自己有資格加入「藍隊」，因爲這世上沒有十全十美的人，但**我們可以把缺點看成是自己性格的另一個層面，努力克服**

這個缺點。只要擁有那份勇氣和執行力，不就有足夠的資格加入「藍隊」了嗎？

9 不想原地踏步就要有所改變

人們很容易習慣成自然，而且，一旦成了習慣就很難改變。當然，我也是其中之一，尤其我是嚴重的路癡，沒走過的路我死都不願走，所以我只走習慣走的路。值得安慰的是，這種人不是只有我一個，有比想像中更多的人也像我一樣討厭走自己從沒走過的路。

這種習慣和個人的天性也有關，有一種測驗是從精神科的角度去評量一個人的性格和天性，而在抱怨精神方面問題的人當中，有很多在相互矛盾的兩種性向上，都同樣拿到高分，一種是評量對新事物充滿好奇心的「追求刺激」性向，另一種是怕失敗或失誤而逃避新事物的「迴避危險」性向。這兩種相反的性向，也就是喜歡探求新事物的心態，和對一旦失敗該如何是好的恐懼彼此拉扯的情況下，精神上必然會經歷矛盾和挫折。

有趣的是，越年輕的世代，越有可能出現兩種性向同樣偏高的情況。或許正因爲如此，最近的年輕一代才會在精神上感覺更爲緊張和矛盾。

從這點來看，如果想在人際關係或工作上取得成功，或許只要找到能同時滿足這兩種性向的方法即可，但這絕非易事。因爲在追求新事物之際，也要一一設想所有可能發生的情況以應付由此產生的危險，同時還不能失去熱情和挑戰意識。

我的測試結果也顯示了這兩種相互矛盾的性向同時存在，但我的情況是在現實中「迴避危險」性向占了上風，所以面對新事物，我非常怕生。我身邊有些和我性向相反的人，就是專找新路走。

朋友中也有人覺得探索一條新的道路，眞是充滿了無窮的趣味，不過在餐廳方面，他也只是固定幾家的常客，只喜歡吃那幾家的飯菜。

那麼，我們爲什麼如此害怕變化呢？這與天性無關，大多數的人都會對不熟悉的事物感到恐懼。在心理諮商的過程中，會發現很多人都害怕與陌生人建立新的關係，對人際關係感到恐懼的人當中，大部分是對陌生關係感到棘手。我們之所以害怕陌生的事物，是因爲覺得自己在陌生環境中無法做出正常反應的緣故。

精神科門診時，有些已經到了治療後期卻突然不來回診的人，如果是住院患者的話則會拒絕出院，嚴重時，甚至會做出自殺之類極端的選擇。理由只有一個，就是過於恐懼從現在開始自己必須面對的陌生變化。

治療結束的話，自己就不再是病人，此前因爲自己是病人，很多事情都能獲得容許，隨時可以合理化自己的行爲，周圍每個人也都能體諒。然而，一旦治療結束的話，那些合理化自己行爲的辯解就行不通了，而且還必須斷然告別如同自己身體一般，熟悉的所有事物，以新的方式過新的生活。對當事者來說，這種恐懼超乎我們的想像，大到讓他們覺得與其承受這樣的痛苦，不如中斷治療算了的程度。

這種情況並不僅限於病患，我們每一個人都會對熟悉的東西感到親切，對陌生的東西感到畏懼。尤其是對熟悉的渴望，就如鳥類的歸巢本能一般強烈，因此哪有可能輕易就選擇沒走過的路，到沒去過的餐廳用餐呢？一般的情況下，還是只能繼續去常去的場所。

我們害怕陌生地方的另一個原因，就是不知道在那裡遇到的人，會如何對待自己。所以在一般情況下，我們還是會選擇固定幾家常去的餐廳、常去的美容院、常去的理髮廳等等，至少他們很清楚我想要什麼。

以常去的餐廳爲例，他們很清楚我吃東西的口味，哪種小菜會多要一點，因此用不著我說，他們就會主動準備好，還提供打折的優惠。相反地，如果到陌生的餐廳去，他們既不會熱情地歡迎我，也不會按照我的喜好主動提供服務。或許大家都曾經有過這樣的經驗吧？和朋友一起到某家餐廳用餐，老闆只跟常客打招呼，對我們卻很冷淡，讓人感覺很不愉快。這雖然看似沒什麼大不了，但心情卻很容易因此受影響，所以對方是否認同自己的存在是非常重要的。

雖然現在這種做法已經消失，但在過去有很多人會拜託我幫忙預約大學附設醫院的同期或前輩們的門診，因爲按照規定預約的話，得等上好幾個月才能看診。碰到難以拒絕的情況時，我也只好勉強答應，結果某次，卻是要我幫忙直接跟主治醫師提及自己的名字。我非常清楚大學附設醫院醫師們忙得要死的緊湊行程，所以就算有事，原則上若非緊急也絕對不會打電話過去，但在對方不講道理硬要拜託的情況下，我也只好無可奈何地打了電話。

有趣的是人們後續的反應，有人會計較說醫師並沒有表現出知道自己是誰介紹來的樣子，問我是否眞的有向醫師提起過；也有人說果然有介紹有差，看診的時候果然待遇不同。我能理解做出那種請託的心理，所以每次都會默默地聽他們說，因爲他們也只是希望對方能知道自己的存在，從中獲得稍微特別的待遇而已。

但是在陌生的地方就不可能得到那種特別的待遇，所以只能一直去自己熟悉的地方。對我們來說，會生出某種執著的原因只有一個，那就是無法接受改變，對愛情的執著就足以說明這一點。

有的人無法接受愛情漸行漸遠，一直執迷不悟的原因何在？就是因爲無法承認兩人關係已經有所改變的事實。**關係本身發生了變化，他們卻無法認同這種變化，才會出現執迷不悟的情況**。

不只是愛情，這適用於人生的所有方面。減重失敗的人之所以會執著於食物，是因爲他們無法接受必須減少飲食攝取量這個明確的變化；戒菸會失敗，是因爲無法接受不可以吸菸的變化；執迷於青春永駐、整容成癮的原因，也是無法接受隨著年紀增長所帶來外貌上的變化。某位作家稱這種狀態是完美主義與謹小愼微的症候群，形容得眞是一針見血。這種人連在約會的時候，如果沒有按照自己前一天所擬定的行程進行的話就會受不了，這就是因爲連一點小小的不如意或變化，都無法接受的緣故。

不僅如此，也有不少人明知道，只要振作起來就能迎來新的機會，卻仍安於現狀，得過且過。他們不斷地抱怨、發牢騷，找各式各樣的藉口來合理化自己的行爲，但眞正的理由只有一個，就是害怕出現變化迫使自己必須有所行動，到最後就只能固定在人生中某個不幸的時刻。

當然，身爲人類，一旦心有所屬，要改變就很難。無關乎那是出於有意或無意、是對或是錯，只是害怕當下這瞬間的變化而已。等到想挽回時，才知道一切都爲時已晚，最後只能痛苦地陷入絕望中。

最好的辦法，就是**在陷入絕望之前就先接受必要的改變**，因此最重要的就是必須大膽地拋開一直以來所熟悉的知識或習慣。正因爲習慣了，才要毫不吝惜地告別身旁熟悉的事物。

若想做到這點，就必須先從**小地方開始改變**。

不管是常走的路或常去的親切餐廳，都要有更換的打算，說不定，會有一個比想像中更鮮活的世界在等待我們，誰知道呢？而且這些日常生活中的小變化累積下來，說不定有一天面對重大變化時，我們也能展現出昂然接受的帥氣姿態。

就從我做起，我希望自己能追求那樣的改變，因爲這絕對會是一件非常愉快而美好的事情。

第三章

為了活得自在，刻薄的人際關係處方籤

人生只有一回，沒犯過錯才怪。

1 我決定刻薄地生活

事實上，當我宣布「我決定刻薄地生活」時，對我來說就像是宣布出櫃一樣。無論在職業上或是在社會上，我的形象已經充分顯示出是一個「刻薄地」生活的人（這點我很清楚）。就連外表上，尤其在我年輕的時候，也很常聽到別人評論我「整個人看起來十足冷靜」。到了現在，我的形象基本上接近冷漠、極端公式化，一般情況下，連攀談都不容易的人（這點我也很清楚）。

但只有對我個人有深入了解的人才會知道，我其實是個完全相反的人。我很容易因爲小事就受到傷害，而且總是小心翼翼地深怕自己給哪個人造成哪怕只是一點小小的傷害。例如在各種大大小小的聚會上，和許多人見面回來以後，爲了以防萬一，我一定要回想剛才的聚會中有沒有造成什麼失誤、有沒有說錯話傷了哪個人的心，然後才結束一天的作息。

不知從何時開始，我對這樣戰戰兢兢的生活感到非常疲憊。很多時候在個個方面我都必須付出百倍於我所擁有的實際精力，可想而知當然會心生厭煩。雖說我的形象大部分都源自於性格，但還是需要有所改變，最重要的是，我必須努力成爲一個不會在小事（尤其是人際關係）上鑽牛角尖的人。雖然不是沒有對偶爾會犯錯和失敗的自己感到羞恥和慌亂，但我還是會告訴自己人生在世，發生這種事情在所難免，盡量豁達地接受。回想過去，讓人臉紅的往事不只一二，但仔細想想，**人生只有一回，沒犯過錯才怪。面對生活，大家都是生手，理所當然會犯錯，所以我決定接受自己的過錯**。

這麼刻薄地想了一回之後，我也對自己承諾，允許自己犯錯，也接受他人的批評，我的人生不會因爲哪個人說我一些閒話就崩潰。

聽了這話，可能有人會懷疑地說：「不會吧？妳明明是個精神科醫師，怎麼感覺精神上沒比我強多少？」其實我身邊也有很多朋友叮囑我：「幸好妳的長相看起來很堅強，所以不管去哪裡都千萬別露出本性來。」這時候，我就會告訴對方一個故事：有位知名女作家，我忘了她叫什麼名字，以前在美國以如何維持美滿婚姻生活爲主題出了不少書，但問題是她已經有四次的離婚紀錄。在某一次的節目訪談中，主持人提到了這一點，她的回答是：「正因爲有那麼多痛苦的經驗，我才會比任何人都有資格提出一些具有實質性的幫助。」我也一樣，我比任何人都清楚人生中可能會發生的憂鬱和不安、焦躁和矛盾、恐懼和創傷，因爲我親身經歷過，所以別的不敢說，但在這點上我認爲自己對許多人有充分的理解，也可以感同身受。

從這點來看，對我而言，「刻薄」就是澈底保護我不受內在或外在敵人傷害的方法之一。當自己從頭到腳地批判自我或懷疑自我時，「刻薄」會告訴自己：「哪有，我可是做得很認眞呢！」從而發揮自我保護的作用，同時也是一種**可以適當地保護自己免受外界批判**、**傷害的力量**，或者說是一種能抓住生活的重心，即使受到晃動也能馬上回到原位的彈力。對於這樣的努力，我名之爲「健康的刻薄」。多虧有它，我才有勇氣如此公開地坦言自己脆弱的一面；也是它，讓我感到「我決定刻薄地生活」這一宣言，就像在宣告出櫃一樣。

當我們看輕自己或感到內疚的時候，首先要提醒自己「我心操之在我」，好好想想是否有必要那樣責備自己、傷害自己。如果我的心向我抗議：「你怎麼可以這樣虐待我？」的話，我要怎麼回答？通常會發現自己無言以對。

人類在出生時沒有附上使用說明書。我們買機器的時候，通常會附上使用說明書，上面詳細寫著是什麼材質、如何使用等等，只要按照說明書，使用上就不會出錯。然而人類卻是孑然一身赤裸裸地來到世上，在不知道自己是誰、從何而來、該怎麼使用的情況下，開演一齣人生大戲。

奇怪的是，我們的心似乎更容易受到負面的事物影響，就像野草一旦增長就會占領整塊地一樣，負面的想法會比正面的想法發揮更大的影響力。我們的生活中，負面經驗多於正面經驗，因此在潛意識裡，就會隱藏對負面結果的不安情緒。事實上也有報告指出，在成長過程中如果有較多負面經驗的話，與感受正面情緒相關的左額葉的活動就會降低。

許多人要忍受一天好幾次諸如內疚、憤恨、挫折、不安、憂鬱、羨慕、嫉妒、性衝動和破壞心等等躁動的心理壓力，因此匈牙利小說家桑多・馬芮所說的下面這段話才會永遠有效。

「人類的夜晚充滿了夢想、慾望、虛榮、自私、瘋狂的愛、嫉妒和復仇的渴望，就像沙漠的夜晚隱藏著美洲獅、禿鷲和豺狼一樣。」——《餘燼》

撇開人生總是一帆風順的幸運兒不說，大多數未能如此的人應該都能理解馬芮這話的意思。然而，不是每一個人都會因爲心理上的壓力，就把原因和責任轉嫁到他人身上，不時地抱怨發牢騷。因爲他們能理解人生有各種不同的面貌，有悲有喜、有好有壞。

到死爲止，我們都得伴隨著自己同行，因此**只有接受眞實的自己，才能在未來的旅途中平安喜樂**。只要想想，現在的我是由出生後到現在所經驗的一切所造就而成的，所以就算其中有滿意也有不滿意的地方，輕鬆看待就好。而且，只要從現在開始慢慢改變自己不滿意的部分，實踐「健康的刻薄」，有一天必然會發現自己有了更好的成長。

2 第一劑處方：停止、控制、退出

凡事都有所謂的分寸，以前我很討厭有關分寸、常理之類的故事，總給我一種陳腐、頑固、邊緣人物的感覺。然而不知從何時開始我才明白，守分寸、不失衡、照常理生活有多麼不容易。也就是說，名為「我」的這個人在生活上必須要有一個穩定的重心，但這眞的不是那麼簡單的事情。

在這件事情上能給予幫助的，就是「健康的刻薄」。**只要能在與自己的關係、與人際的關係，以及生活中努力實踐健康的刻薄，就會在某一瞬間發現一個腳踏實地、重心穩定的自己。**

進行心理諮商的過程中，當我詢問來訪者有什麼夢想時，回答大致分為兩種：

「平凡地生活」或「幸福地生活」。或許是因為知道，無論平凡地生活還是幸福地生活都很難，所以我們才會有這樣的夢想。這個夢想之所以很難實現，原因就如前面所提到的一樣，因為重心難以穩定。因此不分彼此，我們的生活全都處在過度的不安、憂鬱、恐懼和擔心之中，而其底層則盤踞著對成功或稱讚的強烈欲求和渴望。

「我要給我遇見的所有人留下好印象。」

「我一定要完成這件事。」

「我絕不可以犯錯或失敗。」

「我一定要受到稱讚。」

「我無法忍受被人嫌棄。」

……

除此之外，還會三番兩次地命令自己「必須這麼做、必須那麼做」來折磨自己。

要求自己做到盡善盡美把自己累得半死的原因，大多與自我肯定有關。按照佛洛伊德的說法，過度的完美主義或自我批判，源自於強大到近乎殘酷的「超我」（super-ego，良知）。當一個人總認爲自己每件事都必須處理得很完美，一旦做不到，就會把自己視爲失敗者。但正是因爲一心求好，反而可能錯失其他可以享受人生的機會。爲了解決這個問題，就必須先培養自我肯定的心態。

自我肯定的關鍵在於**不斷地包容自己**。除了包容自己的優點和缺點之外，還要承認自己的過錯。當一個人能夠接受眞實的自己時，就能在各方面均衡地肯定自己，接著再慢慢地發現自己的潛力，努力地發揮潛力就行。

如果覺得自己做得不錯，不妨稱讚一下自己。這樣的稱讚累積下來，就成了內在的資產，這種資產越多，在危機時刻保護自己的力量就越大。

另外，還要自我反省是不是一個專門傷害自己情感的天才，每次對某件事情感到悲觀時，就會一下子把自己弄得很難過。而我們必須知道的是，這個造成自己難過、沮喪、焦躁的人，其實就是自己，沒必要把自己塑造成悲劇的主角吧？

當然，要做到這一切不是那麼容易的，所以就需要有「ＳＣＥ**法則**」，**即停止**（Stop）、**控制**（Control）、**退出**（Escape）。自我的力量不是憑空而來，需要靠訓練。也就是說，當腦中出現超過忍耐限度的想法時，首先就該停止這種想法，然後在感到可以控制自己時，就趕緊從造成痛苦的想法中果斷地退出來。

莎士比亞說：「世事沒有好壞，全看你怎麼想」——《哈姆雷特》。

正如他所說，在自己所擁有的信念中，將不合理的信念，像是「我一定要通過這次考試，不然我就是笨蛋，也無法得到我真正想要的東西。」改爲「我想通過這次考試，不過就算這次失敗了，也還有下次的機會。即使一直無法通過，我還是可以用其他的方法得到幸福。」那麼就不會犯下因一次的失敗就全面否定自己的錯誤。

當然，「ＳＣＥ法則」不可能一蹴而成，只能靠不斷地重複進行。馬克吐溫說：「戒菸有什麼難？我至少戒過一千次。」

改變自我比戒菸難上百倍，所以，要有或許需要上萬次反覆訓練的覺悟。當然，不一定非做到一萬次不可，重要的在於有那樣的覺悟。相比之下，如果能從小事情做起，譬如每次想到「別人都應該愛我、喜歡我，不然他們就是壞人」時就會生氣，但如果能彈性思考，轉念爲「有時候人們也可能會不喜歡我」，那就會少生點氣，能有這樣的改變也就夠了。

3 第二劑處方：放下沉重往事一身輕

如果能記住恢復自我肯定的關鍵，就是不斷包容自己的話，也就沒有必要浪費許多時間在怪罪他人、怪罪環境了。如果一直想著「父母不該那樣對待我，即使是現在，每當想起我就難以忍受」，那麼留給自己的就只有憤怒。有很多人因爲那樣的憤怒而浪費掉寶貴時間，所以，我們有必要回頭審視自己心中，是否還殘留著擺脫不掉的傷痛。

幸運的是，**我們無法改變過去，卻可以改變對過去的想法**。而「成熟」裡面，也包含了不再受到童年經驗的束縛，進而接受自己的人生，終歸是自己的選擇這一點，並努力爲此承擔責任。站在和自己的關係或和他人關係的立場來看，這才是值得信賴的。

如果不能把握當下，我們誰也無法眞正發現自己的潛力和能量。借用艾克哈特．托勒（美國心靈作家，曾被評爲是世界上最有影響力的心靈導師）的話來說，這是因爲「我們所有的能量都專注在此時此刻，只有存在於當下的能量、創造力及決心的爆發，才能展現出當下眞正的力量。」——《當下的力量》

當下的力量之所以重要，就在於每一刻的選擇集合起來就完成了我們人生的全部拼圖。因此，只要忠於當下，自然也能享受成功的喜悅。但這無論如何也只屬於個人希冀罷了，專注當下不是那麼容易的一件事。因爲有太多的矛盾、煩惱、神經緊張和焦躁會阻礙專注當下的力量。

孔子曰「四十而不惑」，但志煥卻沒能做到這一點。別說不惑了，他坦言到了四十歲，像是進入了一個精神上更加疲憊的時期，在事業失敗之後不自覺地找到了發洩沮喪和怨恨的對象，那就是他早已離世的母親。

志煥的母親在他高中時背著他的父親，帶走了家裡所有的財產，和年輕男子私奔。在那之後，他的父親鬱結在心，不久後就去世了，志煥只好寄居在叔父家中完成剩餘的學業。大學時期他拚命打工，根本沒有多餘的時間爲大學生活留下美好回憶，幸好畢業後在大企業任職，遇到了好女人，也結了婚，過著安定的生活。然而每逢危機時刻，他的心頭總會湧起對母親的怨恨和憤怒。

都是因爲母親，才讓他年輕時候的生活那麼艱苦。如果當時母親沒有捲走那筆錢，現在那些錢對他一定很有幫助，結果不只那筆錢全飛了，母親還被男人拋棄，一個人孤獨死去。每次想到這些，志煥就覺得自己快瘋了。

他淒然地說：「如果她有稍微爲我這個兒子著想的話，她就不該那樣做。」本該專注在當下的力量卻浪費在對過去的悔恨和憎惡上，志煥早已疲憊不堪，從而對未來也感到不安。

精神醫學家弗里茨・皮爾斯在精神治療中強調「此時此刻」的重要性。依皮爾斯之見，一切有生命的有機體，無論是動物、植物或人類，都有一個本能的目標，那就是**實現眞實的自我以達到與自身的本質一致**。

皮爾斯說，就像玫瑰以身爲玫瑰、實現玫瑰的本質，大象以身爲大象、實現大象的本質一樣。如果玫瑰想成爲袋鼠、大象想成爲小鳥的話，那會產生什麼樣的結果呢？他認爲，大概終生都會因爲這永遠無法實現的虛妄期待和矛盾而痛苦萬分吧。

實際上，我們在生活中最痛苦、最矛盾的原因之一，就是**「想成爲不一樣的我」**。如果爲了這種與自己格格不入的欲望，而浪費了潛力成爲精神病患者，最後人生被貼上「損壞」標籤的話，那眞是再悲慘不過的事情了。

然而皮爾斯認爲，人類偶爾會落入那種陷阱的理由之一，就是忽略了當下的力量。如果只將精力集中在早已遠離的過去和尙未到來的未來，忽略了既有的現實，也就是「當下」的話，自然會陷入矛盾，因荒誕的欲望而感到痛苦。

他說：「有人活在對過去的追憶，有人活在對未來的幻想，這種情況下絕對不可能擁有均衡的個性。」他們爲了早已遠去或尚未到來，根本不存在於現實的時間，而犧牲當下。

根據皮爾斯的主張，一個精神健全、視角均衡的人，不會拒絕或放棄自己的任何潛力。爲了精神上的健全，必須擺脫對過去的執念和對未來的不安。如果一直糾結於過去的話，就會在志煥這個例子裡所看到的，每次想到一生中的某個時間點，就會過度情緒化或埋怨父母。

另外，對未來感到極度不安的人也會對自己的命運感到失望，不是埋怨環境或其他人，就是歸咎自己運氣不好，想要逃避自己的生活。因此只有專注當下的人才能靈活運用自己的潛力，而不會選擇執著和逃避。

我向志煥說明了過去已成型的經驗或對未來的不安和恐懼，從我們的身上奪走了多少潛力和能量，這就是心理諮商的效果。怨恨埋在心裡和說出來是不同的，因爲在用言語表達出來之前，得先正視自己心裡有著什麼樣的情感，然後才能用言語說出來。經過這樣一個過程，也會在不知不覺中從客觀的角度審視自己的情感和經驗。

幸好他的症狀已經開始好轉，透過心理諮商，他慢慢吐露有關母親的故事，這是他從未告訴任何人，甚至連妻子都不知道的事情。也因此，他才得以從深埋心底逐漸硬化成型的過去枷鎖中一點一點地解脫出來。希望在諮商結束之際，他能完全擺脫對母親的恨意。

4 第三劑處方：在刻薄和無禮之間守住分寸

人際關係對任何人來說都很困難，想想看我們學習第二外語的時候，剛開始認眞學習了一段時間，似乎學得還不錯，可是後來因爲忙碌、因爲疲倦，幾天沒去上課，又會回到原點。更何況是自己的世界和他人的宇宙相遇的人際關係，哪有可能那麼簡單？否則太空人伯茲．艾德林也不會說出「對人類來說僅剩的未開拓領域大概是人際關係吧！」從某種層面上來說，人際關係就如同太空航行一般艱難。

偶爾會有人把刻薄和無禮混爲一談。我們每個人都希望能盡情吐露心裡話，卻不能說話輕視或侮辱對方。無禮和刻薄的不同點，就在於**以禮待己，進而尊重他人**。

懂得以禮待己，就無需憐憫自己，也不會拿自己和他人做比較來虐待自己，更不會做出明明心裡不願意卻無法拒絕他人說的話、被牽著鼻子走的事情。因爲，我會先爲自己著想。擁有「健康的刻薄」的人當然也會以禮待人，**因爲懂得珍惜自己、保護自己的人深明推己及人的道理，也會努力以同樣方式對待別人**。

越是與上述相反的類型，就越多頑固的原則主義者。「彈性」就像水一樣，是成功引導人際關係和社會生活不可或缺的要素之一。沒有人喜歡一點小錯就被指責或時常被挑錯，或許有人會認爲自己很細心、很認眞，但在對方眼中，只會覺得他缺乏同理心和關懷的能力，這就是爲什麼缺乏彈性的人，在人際關係中常會引發衝突的原因。

倘若因爲這種問題，讓人際關係變得岌岌可危的話，就有必要設身處地站在對方的立場思考。就像我們常聽到的諺語「在沒有穿上他的鹿皮鞋走一公里之前，不要評判這個人。」（出自北美原住民蘇族祈禱文），人都是自私自利的，就這點來看，我們每個人都是受害者，也是加害者。從實際的臨床經驗來看，心理諮商的基礎就是一個接受自己是被害者但也可能是加害者的過程。

只有稍微擴大這種想法，懂得推己及人，才能化解人際關係。當然，你也可能會擔心「萬一那個人得知我眞正的想法怎麼辦？」這種時候就該痛快地告訴自己「知道又怎樣？」因爲對方必然也會有和你類似的想法。這麼一想的話，在人際關係中就不會對對方抱著盲目的期待。

另外，還要接受人際關係就如陰晴不定的天氣一樣，有時陽光普照，有時烏雲密布，有時細雨霏霏，有時暴雨傾盆。我們頂多會對著天空發牢騷，到頭來還是得接受天氣的變化，做好準備。然而在人際關係方面，如果認爲自己必須做到盡善盡美的話，這其實也是一種傲慢，不是嗎？我們應該將人際關係看成天氣一樣，有這樣的天氣，也有那樣的天氣。即使是一個平時溫和的人，也有可能隨著這個人的心情起伏出現不同的情況。例如我打了招呼，對方卻沒有回應的時候，只要想著「他大概沒看到我吧，可能在煩惱什麼吧？」不予計較就沒事了。如果丈夫下班回來，一看到我就開始嘮叨的話呢？那就告訴自己「啊，這人現在大概累了吧！」那就會少生點氣。不然兩人針鋒相對的話，小口角遲早會演變成大爭吵。

就像這樣，對人際關係感到吃力的人，會因爲對方的每一個反應而受到傷害，白白浪費自己的精力。因此也需要衡量在人際關係上該如何有效地使用自己的精力。就像我們下雨天會準備雨傘一樣，人際關係也需要視情況，具備一定的技巧和應對能力。

我們知道開車或從事其他事情時需要技巧和練習，卻往往不認爲人際關係也需要如此，有時候甚至很過分地將任性妄爲、恣意放縱誤以爲是率性，這可就糟了。因爲一旦有了這樣的想法，就等於豎立起一堵高牆，唯有打破這堵高牆，人際關係才會逐漸化解。

就像之前所學到的，**當自己胡思亂想而感到心緒不定的時候，就停止思考一分鐘**，讓那個想法隨風而逝。反覆進行這種訓練之後，很快就會明白這世上沒有那麼多的事情值得我在意。

5 第四劑處方：拒絕要溫柔且不容置疑

一般人在人際關係中最痛苦的事情之一就是拒絕。拜託別人做什麼事情絕不容易，包括我在內的大多數人，通常會在腦中模擬情境數十次之後，才勉強付諸行動。在這種情況下若遭到拒絕，當下的驚慌和尷尬簡直難以言喻。或許有人擔心會遇上這種情況，就一直不敢有所行動，只是拖拖拉拉地一再模擬情境而已。

當然，我們周圍也有很多人完全不在乎他人意願，只顧著理直氣壯地提出自己的要求。更有趣的一點是，當對方那麼理直氣壯地提出某種要求時，會給我方一種理所當然要接受的錯覺，如果不接受的話，反而會讓我方感到無比內疚。所以在電影或連續劇的配角中，固定會出現這種人物，大部分都是以輕鬆的喜劇收場。

但他們也不是隨隨便便就提出重要的請託，也是經過深思熟慮和內心衝突的。因爲知道這一點，在面對必須拒絕某人的請託時，難免感到更困難。再者，正如某個人所說，人人都想得到包括敵人在內的稱讚，所以「拒絕」這件事才更難做到。將心比心，當我拒絕別人的時候，對方一定會受到傷害，所以才不敢輕易拒絕。

有些人擔心長久以來維持的關係，會因此破裂而無法拒絕，其中很多人都會選擇盡量拖延時間，遲遲不予答覆。但是，如果碰上無可避免必須拒絕的情況時，最好還是在短時間內簡潔明瞭地表達拒絕之意。然而我們總是擔心對方受到傷害後會因此討厭自己，所以不敢拒絕，就算力不從心也只能無可奈何地接受請託。問題就在於，萬一那種事情沒完沒了的話，不只會對加重自己負擔的對方氣憤，也會對自己感到生氣。

他人直接在我面前說我壞話的情況並不常見，但我對自己生氣，看自己不爽，卻是看得見的現實狀況，那就更加苦悶了。所以，到底該如何選擇呢？

大多數的情況，對方雖然會因爲我拒絕他的請託而受到傷害，但還是會接受現實，這點我也一樣。因此，先放下對拒絕的擔心，再立刻簡單明瞭地表達自己的立場。

有人說拒絕要慢慢來，但這麼做卻會讓對方的期待倍增，到時更加失望。即使從我過去的經驗來看確實如此，而且從很多人的話裡也證實，拖拖拉拉、遲遲不肯答覆的方式是最糟糕的拒絕方法之一。所以，如果是我心有餘力的事情，考慮一天之後我就會表明意思；但如果是我認為應該拒絕的事情，那就會盡快回覆。這種時候，沒必要吞吞吐吐地不說清楚，人們通常會朝著對自己有利的方向思考，因此，我明明是拒絕，對方卻以為沒問題，最後也可能發生讓自己陷入窘境的情況，所以乾脆明確地說：「不好意思，以我的立場，沒辦法答應你的請託。」這樣是最好的。

這種原則不僅適用於拒絕，也同樣**適用於必須向對方說出逆耳忠言的時候**。我在進行心理諮商時也發現，常常會有很多身居領導地位的人，也很難對下屬說出不好聽的話。於是，當他們不得已委婉地繞著圈子說出來之後，卻發現對方似乎沒聽懂。小事情都如此了，整個組織要正常運作就會有困難，但就是有些公司高層在面臨重大變化時還是那麼做。如果請他們把當時說的話，原封不動跟我說一次的話，通常從我口中出來的回答，十有八九是：「那樣拐彎抹角地說，連我都聽不懂。」每次我都會告訴對方在表達己方意思時，應該注意兩項重點，即「溫和但果斷、簡單且明瞭」。

後來，聽那些將我的話付諸行動的高階主管們回饋，結果大多是肯定的，例如：「這眞是意想不到的經驗！之前擔心下屬會討厭我，說話都小心翼翼地。然而當我溫和但果斷地表達意見之後，下屬反而更高興。之前他們根本無法明確地知道我想要什麼，所以摸不著頭緒，現在就不會了，雙方之間有了明確的溝通，生產效率節節升高。」

所以，無論是從我的經驗，還是從居高位的管理者的例子來看都一樣，戰戰兢兢擔心別人對自己的想法才是最徒勞無益的事情。以前我在看連續劇《第二個二十歲》①時，對劇中女主角所說的一句話深有同感。為了做到獨立生活，她付出了非常大的努力，她說：「我不想再按照他人的標準生活，那一點意義都沒有！」

確實如此！**不管是拒絕還是勸告，最重要的是要按照自己的標準**，唯有如此才會有意義，也才眞的管用。此外，需要盡早領悟的另一件事就是，自己對他人的人生能做的事情眞的不多。從這點來看，不必要的干涉或忠告是最該避免的事情之一，因爲沒有任何方法是可以僅憑不必要的干涉或忠告就改變對方的。

對他人來說，最溫和的方法就是**「多走半步、多幫半步」**。所謂「多幫半步」，是指先確定自己是否眞能改變對方，再有效地使用精力，這個方法是我苦惱多時之後才決定的原則。

當然，我也覺得要做到這點很不容易，因爲愛管閒事是我最大的煩惱之一。但我們只有一條生命，精力有限，所以確定優先順序非常重要。

---

①二〇一五年播出的連續劇，講述一位十九歲就懷孕生子，一直圍繞著丈夫、孩子的女人，二十年後才開始的大學生活。

6 第五劑處方：人際關係也需要斷捨離

有些人十分推崇社群網站，他們認爲，智慧型手機裡儲存的電話號碼越多表示自己越厲害，不僅加入所有社群網路平臺活躍其中，還抽出時間參加許多聚會、到處露臉。這方面我是絕對跟不上的，但換個角度來說，我也有點羡慕。要到處參加活動，就必須非常勤快，而這份勤快就是最令人羡慕的地方。

我是連在群組裡聊天都覺得很費力氣的人，因爲後來才發現參加群組不勤快不行，這讓我感到有點驚訝。尤其看到人們徹夜不眠地傾訴自己的故事，這絕對是一種全新的體驗。有人愛吹噓自己、有人因爲一點小事就生氣退出，到了無話可說時就開始說別人的八卦，甚至上升到種種陰謀論爲止，一整個晚上被提示聲吵得沒辦法睡覺。

但是如果想退出群組的話，又會顯示某某某退出群組的訊息，想退出都不容易。因爲退出的話，還留在聊天室裡的人十之八九會說那個人的閒話。有段時間我也很怕自己會陷入那樣的處境，所以就一直窩在裡面，後來，我感覺這樣做不是長久之計，還不如讓人背後說閒話算了。

我住的公寓大樓裡設有住戶專用洗衣房，偶爾我也會去使用。之前我都是把髒衣服塞進洗衣機之後就離開，到了快洗好的時候再過去拿。然而在來來去去之際，意外地發現，有不少人會一直守在那裡等衣服洗好。我很好奇他們爲何如此，有一天我也試著這麼做，結果發現眞的太棒了！在我流連之際，這裡成了專屬我個人的時間和空間，那種自由感和解脫感，讓我感到無比舒適。

與此同時，我甚至覺得，我們有義務允許自己擁有那樣的自由。我認爲在人際關係上也是如此，我們和智慧型手機裡儲存的那麼多人之間，有幾個能維持親密關係，只不過是想藉著認識這些人求個安心罷了。近來在室內裝飾上也強調斷捨離，捨棄不必要的累贅物品，確保足夠的空間，人際關係有時也需要像那樣，好好整理一番。

有一次我遇到一位母親，她正熱烈地暢言，應該把孩子送到所謂貴族學校上學。我很想告訴她，階級的屬性越往上就越封閉，人脈不是在日後才形成的，但我覺得自己抵擋不過那位母親的狂熱，也就放棄了。我身邊也有不少熱中於經營人脈的人，看著他們，我只有一種感覺：「啊，這些人只是把人際關係當成炫耀或利用的工具罷了！」

然而，人際關係並非如他們所想的那麼簡單，反而認為，人際關係十分無情的看法才是正確的。除非是非常深厚的關係，不然大多都是有需要時維持關係、不需要時置之不理。到目前為止，我很少看到有人會抽出時間和自己不需要的人見面。男人之中往往有人會抱怨人走茶涼，一退休，人際關係也消失。步步高升的時候，人們如潮水般湧來；一旦從那個位子上退下來，人們又如潮水般退去，他們也坦言，那種空虛感和失落感令人難以承受。

看著他們，我也切實體會到**人際關係需要斷捨離**。偶爾我也會想，與其日後才後悔將時間、體力和金錢投資在不必要的人際關係上，不如將一切都投資在與我二十四小時同在的自己身上更好。

即使認識了一百個人，不見得這一百條人脈都能經營得很好，眞正可以相伴一生的人往往只有一兩個。換句話說，**這世上沒有人會滿足我的要求，沒有人會讓我眞心喜歡，也幾乎沒有人眞正理解我，但是只要眞的有這麼一個人存在，人際關係就算成功**。不過也要有心理準備，接受這個人無法時時令我滿意，因爲我也經常不滿意自己，也不是做每件事都能合乎自己的心意，那爲什麼還要期待他人做到這一點呢？

在平時的人際關係中，重要的是要尊重對方，維持有益身心的距離感。如果兩人之間的關係會讓雙方感到吃力和疲憊的話，那最好選擇不要頻繁見面。換句話說，想維持百分百的人際關係是很辛苦的事情，與其如此，不如按照自己的特點發展。

無論我選擇哪一個，總會有另一個必須放棄。

放棄，也是一種選擇，只想得到、不想捨棄，就會出現問題。如果兩人之間還達不到可以暢所欲言，再根據對方的反饋調整自己狀態的關係，那麼還是保持距離比較好，這就是「健康的刻薄」。

7 第六劑處方：不必非要強出頭

我們每個人都會對別人的私生活感到好奇，尤其在說起別人的閒話或八卦時會感覺到一股快感，這就是人類的本性。或許應該說，只要不是正人君子或聖人，幾乎沒有人不耽溺於這種快感，但這世上的誘惑向來如此，重要的是能止步在哪條線上。

如果是情緒正常的普通人，起碼會努力不說人閒話，以免對哪個人造成傷害或成爲他心頭的一根刺，因爲他們很清楚，如果不懂節制非要一路走到底的話，遲早會成爲一個壞心眼的人。而且他們也不會想再擴大、繁殖傳聞，因爲他們深知錯誤的傳聞或閒話會對當事人造成什麼樣的傷害。

相反地，喜歡看人痛苦且熱中於此的人都有一個共同的特點，就是外表看來氣勢洶洶，內在卻充滿恐懼、不安、仇恨和自卑，說人閒話就是他們發洩情緒的最簡單方法之一。

佛洛伊德將我們用言語攻擊他人的行爲稱爲**「口腔攻擊性」**，就像孩子吸母奶時會用力咬乳頭一樣，我們內心就存在那種攻擊性。一旦長大成人，那種攻擊性就會以對他人的指責和辱罵呈現出來。因此，如果聽到有人說自己的壞話，那麼只要想著「啊哈，他的口腔攻擊性發作了！」那麼心情就會好一點。

人因他人的說三道四而受到傷害，是由於總期待他人能客觀地看待自己。但是，這種期待還是趁早打消比較好。不管那人的評價如何，凡是善待我的就是好人，拒絕我的就是壞人，這就是大多數人的想法。

我認識一個人，他在人際關係中都會以禮待人，但有一個原則，就是堅持不做，也不接受不必要的請託。於是就有人在背後說他的壞話，只因爲之前他不接受他們的請託，因此懷恨在心，這也讓他陷入了困境，對此深受打擊。雖然很氣憤怎麼會有人這麼做，但人類就是有可能做出這種事情來。

因此，如果聽到有人說誰的壞話，就在心裡想著「那兩人之間有什麼嫌隙吧！」聽過就算了。如果有人說自己的壞話時也一樣，左耳進右耳出不當一回事就好。當然，在得知有人說自己的壞話或造謠時，要克服這種情況並不是一件容易的事情。

我在閱讀賈西亞・馬奎斯的作品《愛在瘟疫蔓延時》一書的時候，發現了一段很有趣的話：「那座城市開始安裝電話之後，看似穩定的幾對夫妻就因匿名告密而離婚。」那座城市裡大概也有不少人過於熱中別人的事情吧？

然而，我們正生活在一個包括個人八卦在內，各種情報充斥網路空間的時代，八卦傳聞往往如滾雪球般越滾越大，動輒傷害當事者。丹麥哲學家齊克果說：「個人才有良知，群體沒有良知。」這就是群眾心理，而我們在網路世界裡直接目睹了其弊端。

事實上，有難以計數的人因錯誤的訊息而蒙受其害，現在這世上，有些人只要聽到某人做錯某事的傳聞，就毫不在意地肉搜當事人，打探這人所有隱私，過不了多久與這人相關的訊息就會傳遍整個國家，因爲有太多人利用社交網路散播訊息，又轉傳出去。

總而言之，如今這時代已經不容我們再隱身其中，必須抱著「不管我做了什麼都會在不被顧及個人意願的情況下傳遍全世界」的想法生活。這簡直就像生活在巨大的透明穹頂下，沒有任何遮蔽物，一切都暴露在世人面前一樣。而且不只是我，所有人都是如此，因此也無處可申訴。不知道最近的年輕人有何想法，但對於上了年紀的人來說就眞的感到不知所措，但他們也不敢隨意表達出那樣的想法，就怕被人打上「無知老一輩」的烙印。

在這種情況下，我認爲未來最重要的就是要**鞏固自己的價值觀**，對於這情況該如何應對、如何判斷，必須有個人明確的標準。

單純出於惻隱之心的管閒事，通常會帶來正面的結果。相反地，對八卦或傳聞的過度關心，則會帶來負面的結果。從這點來看，就不難設定自己的信念，有必要出面的，就勇敢地站出來，否則就果斷地收回關心，這才是最明智的作法。

8 第七劑處方：我還是決定相信別人

大部分人在進行心理諮商時一定會說的話有幾種，其中之一就是「找不到知心的人」。什麼是知心人？當對方無論何時何地都能知道我想要什麼，也會爲我解決一切的時候，我們會稱他是「知心人」。

但是有些人的想法就有點過分，只採取二分法的思考方式，譬如對我好的人，就是好人；拒絕我的請託或沒有表現出我所期待的關懷和體貼的人，就是壞人。問題就在於，這種人的身邊幾乎都沒有好人。

仔細想想，做爲自己人生主體的我們，也時常有不滿意自己的時候。心理諮商時人們一定會提到的另一個主題，就是「不滿意自己」。我也是，明知爲了健康應該規律地運動，還會下定決心再忙也一定要去運動，但實際上只有前一、兩天去運動，從第三天開始就變得不了了之。我對這樣的自己感到很不滿意，除此之外當然還有其他許多不滿意的地方，但我只能用「不是只有我這樣」來安慰自己。

人們常說：「還以爲大家都能理解我，沒想到會受到傷害。」這話自然不假，當我們仗著對方能理解自己而恣意妄行時，在人際關係中就一定會受到傷害。

我們也時常會不滿意父母，所以孩子們小時候，總幻想現在的父母不是自己眞正的爸媽，在某個地方存在著完美的父母。不只如此，就連親生子女也時常對自己感到不滿意，更何況其他不理解自己的人就更別提了。也就是說，我們對所有人差不多都不滿意，因此人際關係必須從**接受「沒有知心人，我認識的人都不理解我」**的這個事實開始做起。

然而，爲什麼我們會認爲大家都應該要合我的意，又爲了不合我意而感到失望？這裡面就包含了兩個心理因素。

第一個因素是認爲別人都應該從我的觀點來看世界。我們所看到的世界會受個人經驗影響而有所不同，每個人都是從自己的觀點來看待一切。舉個簡單的例子，賣雨傘的喜歡下雨天、賣草鞋的喜歡大晴天。從這點來看的話，大家都是按照自己的觀點、經驗、下意識來看待世界和人。

我也曾經在授課時遇過一次荒唐的經歷。以前我幫一個組織上過幾次課，該組織的總經理說想見見我，於是在管理教學方面的教授引導下和總經理見了面。然而那個人一見到我說的第一句話竟然是「怎麼個子這麼矮？」完全是一副沒想到會這樣的驚訝口吻，大概是因爲出現在電視節目上的我看起來比實際高吧，結果竟然和電視畫面上看到的不一樣，太矮了！

不只是我，就連帶我過去的教授也有點手足無措。有趣的是，說這句話的當事者個子也很矮。大概對自己的身高深感自卑吧，於是當他看到有人的外表具有自己外表中令他討厭的一面，就會更討厭這個人，因爲就像看到醜陋的自己一樣。

幸好我對個子矮不怎麼感到自卑，也沒有被他的態度所傷害。不然的話，我大概會懷疑他居心叵測吧！

會做菜的人瞧不起不會做菜的人，會穿衣服的人瞧不起不會穿衣的人，會買東西的人瞧不起不會買東西的人。就像這樣，人們無法接受和自己過著不同生活的人對世界的不同看法。因此，不要只想著「為什麼沒有知心人」，最好改為**「因為沒有知心人，所以世界正常運轉」**的想法才好。

其實在國外經常在組建一個組織時，會故意找各有不同經驗、想法的人組成團隊，這樣才能針對同一個問題提出各自不同的看法，再集合各種不同的看法找出解決問題的端緒。

第二個因素來自於期待大家都能理解自己所有作為的心態。人們在人際關係中受到的傷害之一，就是找不到可以理解自己、撫慰自己心靈的人。有些人這種傾向比較強烈，從他們的話裡可以發現，他們總是希望對方能理解自己，但又害怕無法如願，就會經常試探對方。

有個時隔數年和離婚的丈夫，說好要復合的女人來接受心理諮商，擔心自己能否和丈夫重新好好地生活，這種不安感讓她對對方的一舉一動十分敏感，不自覺地發脾氣。結果後來兩人只要吵架，她就會說「那我們就不要復合了！」而對方的反應則是「好呀，不要就不要！」她抱怨說，自己只想聽到一句「別這樣，除了妳我什麼都沒有」的安慰，那個人怎麼可以那麼冷淡。

俗話說「講好話才能聽好話」（禮尚往來），如果對方攻擊自己，爲了保護自己就會予以反擊。因此，**既然說話不好聽，就不要期待對方能猜到自己隱藏在話語背後的意圖**。這就類似孩子們的叛逆心理，青春期的孩子們在叛逆的同時，也藉此確認父母有多愛自己，他們用態度和行爲來表達「讓我看看你們能接納我、理解我到什麼程度」。

心理越是不成熟的人，越會像青春期的孩子一樣，對對方有莫大的期待。要說他們還活在幻想中嗎？我再強調一次，這世上沒有人會全盤接受我的一切，就連父母也是一樣，如果想得到他們的肯定，就要做出值得他們肯定的行爲，這是人際關係的基本法則。

俗話說「手心手背都是肉」，這句話放在人際關係裡就是一句謊言，一般都是哪個孩子對我好，我就會多偏愛他一些。因此，只有在明白了「沒有人會不管我做了什麼都願意接受我」的時候，才能實踐健康的刻薄。

第四章

我不要再任人擺布

認識這個世界就是認識自己，
認識自己就是認識世界。

1 勇於面對沒出息的自己

根據我的臨床經驗，大多數人並不關心自己是什麼樣的人，只關心自己未來的去向。但其實應該反過來才對，**先要知道自己是什麼模樣，才能決定未來的方向**。

《聖經》裡也記載了與此相關的趣談。有人來找耶穌想成爲他的門徒，耶穌問他們：「你們要什麼？」他們問耶穌：「拉比，在哪裡住？」① 這也反映了比起追尋自我的眞正問題，人類更想找到方向。

以前有對父母爲了子女問題來找過我，父親是社會上的成功人物，他本人也對此深感自豪，當初白手起家拚命努力才有今天的地位，的確值得驕傲。他說，只有神才知道自己過去吃了多少苦，所以「一般程度」的努力在他面前都算不了什麼。

他對子女也是同樣的態度，在他看來，兒子就是「在父親的庇蔭下過著舒適生活、以揮霍金錢爲樂的人」。當他的兒子說不想讀書，想從事音樂工作的時候，他說自己「差點要瘋掉了」！

一開始，他對兒子的事情乾脆以不理不睬的態度來表達憤怒，但後來，再也忍不下去了，心中的憤怒形之於外就變成了言語和身體的暴力。面對這樣的父親，兒子最後關上了心門，越發做出父親討厭的行爲來表達自己的憤怒。

第一次心理諮商時，看到這位父親充滿憤怒的凌厲表情，我也有點嚇到。他的模樣也完整地呈現在心理測驗上——測驗結果顯示，他是一個在人際關係上極端無情，而且非常自私自利的人。在諮商過程中，對孩子的憤怒和對人的漠不關心也表露無遺。即使在與人的對話中也只在意邏輯、重視對錯。

當我們不想暴露出自身情緒時，就會強調邏輯。或許從某方面來看，你會認爲

---

①《聖經》〈約翰福音〉1：35～39。

以這種方式來保護自己很好，但實際上恰好相反。因為情緒沒有獲得紓解，依然殘留在我們心中，有時就會以言語、身體上的暴力或衝動的行為表現出來。

在這種情況下，想解開父母與子女之間的矛盾，首先要做的就是必須了解自己是什麼樣的人、有什麼樣的潛意識、在人際關係中表現出什麼樣的模式。這麼做了之後才能改變自己的冷漠，而且經由這樣的過程，也在不知不覺中培養出理解和接受孩子實際模樣的能力。

但是，為什麼我們會覺得要了解自己是什麼樣的人很困難呢？

第一，要弄清自己的眞實面貌不是一件容易的事情。許多學者都把人類比喻成宇宙，這話一點也沒錯。大家不妨審視一下自己的內心，裡面翻滾著多少想法、多少情感、多少記憶，而要掌控自己又有多麼困難，所以蘇格拉底才會大聲疾呼「認識你自己！」②。

第二，就算了解自己，但要掌控自己也不容易。人類原本就喜歡追求自己熟悉的事物，因此改變自己就等於違背本性，當然不是那麼容易做到的。但問題就在於，如果我不改變自己，換言之，如果我不自發性地努力去適應世界的話，有一天就會被世界強行改變。人們在潛意識裡也很清楚這一點，所以才會不斷產生自我矛盾。然而，這種矛盾會削弱直觀的力量，最後我們就會茫茫然不知道自己該何去何從。這裡所謂的直觀，不是單純指感官的感受，而是一種**看見眞實自我的力量**。

這世上沒有人願意過著痛苦的生活，每個人都希望自己的人生能圓滿如意、一帆風順。但人生往往無法如願以償，非得在生活中經歷或大或小的痛苦。所以歷經小痛苦的人就會看著歷經大痛苦的人安慰自己——和那人相比，自己的小痛苦根本算不上什麼。

② 「know thyself」，相傳是刻在德爾斐阿波羅神廟的三句箴言之一，或說出自蘇格拉底。

有趣的是，如果沒有來自外界的折磨，人類就會折磨自己。

人類就是這麼奇怪的生物，追求幸福的同時，又讓自己陷入不幸。所以當務之急，就是要**認識自己是誰**、**是什麼模樣**，才能了解自己的內心是什麼在折磨自己，以及自己具有什麼樣的天賦潛能，這是在與外界對抗的同時，發展自我的第一步。

雖然我們不是出於自己的意願，是被動地誕生到這個世上，但之後的生活並不能居於被動。**人生之所以艱難，就是因爲我們永遠不能被動地生活**。就以因爲厭世而躲在房間裡不出來的行爲來說吧，這也是一種自己主動選擇的生活方式，寧願餓肚子也不吃飯，也是一種主動的選擇。人生就像這樣，是由每時每刻的主動選擇串連而成，差別只在於選擇是否正確，換句話說，是有助於自己前進的選擇，還是會讓自己後退的選擇。在心理學中稱之爲「生存本能（Erōs）」和「死亡本能（Thanatos）」。如果說生存本能意味著想活下去的意志，那麼死亡本能就正好相反，代表想倒退的意志。即便如此，這也是出於自己的選擇，人生的開始雖然無關乎自己的意願，但生活卻是必須全然按照意願來進行的。

從這點來看，人生的課題就是「認知」，而認知的首要課題即「認識自己」。因爲我們是透過自己的眼睛、耳朵、思考來認識這個世界，透過言行與世界溝通，就這個意義上來說，「我」即是世界。

因此，**認識這個世界就是認識自己，認識自己就是認識世界**。認識自己之所以會成爲一種力量，是因爲它既是生活在世上的力量，也是這個世界本身。**唯有認識自己，才能戰勝命運、戰勝人生**。

2 沒必要多費心思

在心理諮商的過程中最常遇見的類型，就是即便想刻薄也提不起勇氣、所謂「謹小愼微」的人，他們陳述的問題也幾乎都一樣——往往煩惱該怎麼做才能取悅對方、非常在意對方的一舉一動，也很容易因爲對方的評價而受到傷害。他們抱怨自己這麼在乎對方、關心對方，卻得不到相應的回報，進而感到傷心，雖然因此討厭對方，但沒有他又活不下去。按照這些人的心理活動又可以細分爲幾種類型。

第一種類型是對人際關係抱有太高的期望。以前有個人老愛拿自己和別人比較，很容易心生膽怯，所以找我進行心理諮商。

小時候他就時常拿比自己家境好的小孩做比較，隨著年齡的增長，從學歷高的人、工作好的人，到態度沉著的人、認眞生活的人，都成了他比較的對象。當然，每個人看到比自己優秀的人都會感到羨慕，同時也會覺得自己很沒出息，但如果這種感覺強烈到妨礙日常生活的話，就會形成問題。

他說，原因似乎在於他對自我的肯定過低，所以我問：「你認爲的自我肯定是什麼？」沒想到他的回答是：「我想成爲不用刻意做什麼，就能得到眾人喜愛的人。」聽到這話，我只能回答他：「精神方面的心理諮商，換句話說就是針對現實情況進行的治療。現實中幾乎不存在什麼都不做，就能得到他人喜愛的人，自我肯定爲什麼要建立在他人對自己的喜愛上呢？」

像這樣乍看之下顯得畏首畏尾的人當中，有的人眞的對愛、認同、依賴有無限的渴望，而這些人爲了滿足自己的欲望，時常小心翼翼地看別人的臉色。**人可以拿自己和他人互相比較，但若因此變得過度膽怯的話，就得先審視自己的欲望系統。**

第二種心理類型就是嚴重的自卑感。如果深感自卑，就會覺得別人看起來都比自己強。但是，我們是靠什麼來判斷別人強於自己的呢？通常會拿外貌或口才等外在條件做爲判斷的標準，而且如果太重視這些條件，就會產生將對方當成偶像、貶低自己的情感，最後在各方面都變得畏首畏尾。

第三種心理類型是經常抱持負面心態，事先想到不好的地方去。有一次我和久居國外歸來的朋友見面，過程中，朋友的手機來電鈴聲響起，他接起後用英語說了很長一段時間。在這段時間裡，我一直在做自己的事情，但是朋友掛掉電話後說的話卻讓我忍不住大吃一驚——在他聽電話的時候，他一直很在意我會不會有「我的天，這人在國外住了這麼久，英語還這麼爛」的想法。但其實我根本沒在聽他講電話。就像這樣，因爲負面的想法而變得謹小愼微的類型，通常對自己應該做到的事情有很高的期待，因此當他們失敗或犯錯時，心裡也會非常難受或備感羞恥，萬一不小心得罪了別人，也會一直擔心那個人會不會討厭自己而惶惶不可終日。

有個人一旦外出，就會擔心家裡的人，見了家人又擔心朋友，後來，我問了這個總是戰戰兢兢過日子的人：「大家會照顧自己，爲什麼你會覺得自己應該照顧好所有人呢？」結果他的回答是：「我覺得如果我不照顧好他們，他們會很辛苦。」

負面思維越多的人，越會基於責任感，認爲自己如果不爲他人做點什麼，對方就會過得不好，因此越容易陷入痛苦的惡性循環中。

我在諮商的過程中，感受到的一點是，不管是謹小慎微型、冷漠型，還是自我中心型的人，其深層心理幾乎都是一樣的——原因都出於他們心中，想成爲在所有方面，都値得眾人豎起大拇指稱讚、獲得大家認同的人。只不過謹小慎微型的人會希望藉由對方認同自己是個好人，來滿足這種心理；冷漠型的人因爲不想在這個過程中受到傷害，就會和他人保持距離；自我中心型的人則會爲了避免受傷，而過度地自我防衛。從某方面來說，謹小慎微型的人可說是最老實，自我防衛的高牆也最脆弱的類型，因此更容易，也更常受到傷害。

對這些人，我會建議他們改變自我的看法，別忘了，或許你現在面對的人，其實也像你怕他一樣地怕你。進一步來說，如果有人不和你聯絡，理由可能是討厭你，但也可能是他有難言之隱。另外，雖然拒絕對任何人來說，都不是那麼容易的問題，但我認爲，**基於保護自己的立場，採取自己能負責任的範圍內，盡力而爲的**

態度，也會有所幫助。

我在諮商的過程中，會對因害怕人際關係而變得謹小愼微的人說：「請在腦海中想想以下三個問題——**我現在最在意的人，是臨終時會在我身邊的人？是我在臨終那一刻最想見到的人？還是我有困難時可以請求幫助的人？**」當被問到這幾個問題時，大多數人都會搖頭說這三種情況都不適用。既然如此，有必要爲了討好對方而費盡心思到這種地步嗎？

3 和一直痛恨的自己和解

這世上大部分的愛情故事都起因於「誤會」，例如連續劇裡一個男人和一個女人相愛，女人卻「誤會」男人不在意自己，於是怨恨這個男人。還有像是女追男的情況下，姊弟戀結婚的妻子「誤會」年下丈夫忘不了初戀情人，最後決定離婚。

現實生活中也有許多因誤會而發生的嚴重事情，所以歌德才說：「這世上誤解和成見往往會比狡詐和惡意造成更多的過錯。」

我們對自己也經常有各式各樣的誤解，其中最嚴重的誤解，就是**對自己的形象抱持不合實際的負面想法**。

書玹天生才華洋溢、聰明伶俐，而且心地善良，長得也很漂亮，還深具幽默感，無論和誰說話都能相談甚歡，因此第一次見到書玹的人，都會立即向她表示好感。但是，隨著見面次數的增加，越來越了解她之後，人們對她的好感也逐漸消失。

這也是有原因的，與剛開始的形象不同，書玹有許多消極面和陰暗面。最糟糕的是，她一直以爲自己是一個沒有才能也毫無存在感的小人物，這是因爲她從小就被灌輸了這樣的認知。她從小就與母親不和，母親與丈夫之間的關係不好，見不得幼女與父親和睦相處，動不動就罵女兒「沒看過有哪個小孩像妳長得這麼醜，沒禮貌又不懂事」，或是「妳就跟妳爸一個德性，只會裝老實」等等。書玹就在母親時不時的咒罵聲中長大，父親雖然可憐她，十分疼愛她，但由於自己在經濟上的無能，所以在家中屬於弱勢地位。

在這樣的環境下，書玹一直都以負面的形象看待自己，從某方面來說，這似乎是理所當然的事情。即便如此，幸好她秉性善良又有才華，所以才得以像前面所說的一樣，成長爲一個聰明伶俐、備受稱讚的人。但問題不在於她不相信自己，而在於她誤解自己。

最讓她感到彆扭的，就是面對他人的稱讚，很多時候她都覺得人家是可憐她才這麼說的，因此，她不是堅決否定到稱讚者訕訕然的程度，就是病態地表現出瑟縮的態度。對方驚慌之餘必然會對書玹的態度感到訝異，久而久之這種疑懼越滾越大，對她的好感也就慢慢消失。但是對此一無所知的書玹，只以爲是不擅人際關係，大家才討厭她。於是書玹告訴自己：「都怪我自己！」「我這種傢伙還想怎樣？這不是理所當然的結果嗎？」因而變得更加自暴自棄。再這樣下去，說不定她會誤會世上所有人都否定自己，原因就如保羅．奧斯特所說的「一旦對自己產生反感，就很容易相信所有人都反感自己。」（引用自《巨獸》一書。）

再這麼下去，書玹可能會將自己與生俱來的才華也埋沒掉。如果眞的發生這樣的事情，那實在是最令人心痛的悲劇性損失。爲了不至於如此，當務之急就是要解開與自己的誤會。電影《我的希臘婚禮》中就有如下的臺詞：「受限於過去雖然很難堪，但也別忘了，過去是未來的資產。」

許多人對自己抱持的誤會之一就是關於過去。有比想像中更多的人一直糾結於過去，以至於讓現在的自己無法好好生活。同時，也有許多人將過往的小過錯認爲是整個人生的失敗，以至於無法邁步向前。但就像某個人所說的：「任何的失敗也有可能是上帝爲我的人生所準備的計畫換了件衣裳到來。」或許過去因失敗而留下了汙點，但過去的失敗能否成爲未來成功的基礎，就看個人如何下定決心。基於這個意義來看的話，過去確實是未來的資產。

根據我的臨床經驗來看，有不少人會告訴自己「我就是這樣或那樣的人，所以也應該這樣或那樣地行動」，但這種框架其實都是自己單方面製造出來的。實際上有很多人的性格都與框架正好相反，所以是自己在誤解自己。

通常這種人同時擁有兩種極端的個性，譬如在人際關係模式的心理測驗中，掌控方面和自我中心方面獲得最高分的人，也同時在社會抑制①和冷漠方面也取得了最高分。內心裡很想掌控對方，想隨心所欲地行動，但因爲對性向感到不安和罪惡感，於是表面上就顯出「我不需要人際關係」的態度。這該說是已經預料到自己的想法無法如願以償，所以在眞正受到傷害之前就先隔絕造成傷害的根源吧！

對於爲此煩惱的人來說，當務之急就是**修正對自己的誤解**。如果能正確地了解自己，就能減少內心的衝突與挫折感，接著歇斯底里的情況也會消失，人際關係也會隨之變好。

我在臨床上經常借用數學公式，來解決誤會自己的問題。數學確實很難，但只要明白公式的話，應用問題就能迎刃而解。相同地，**只要能解開對自己一直以來的誤會，人生其餘的問題也會迎刃而解**。

---

① 指個體在完成某種活動時，由於他人在場或與他人一起活動而造成行爲效率降低的現象。——中文百科知識。

當然，要做到這點還需要經過一個艱難的過程，重要的是，先踏出第一步再說。正如某位女作家所說：**「沒有比開始還來得更美好的東西，而且無論什麼事情，總要先開始，才能有結束。」**

所以，不管怎樣，祝你有個新的開始！

4 從對方的角度來看事情

有些人不管在哪種聚會上都見不得別人比自己更受矚目，這種類型的人在人生中會使用的策略只有一種，就是「展現自己的過人之處」。因此會不擇手段、不放過任何攫取金錢、名譽、地位、美貌、特權的機會，並爲擁有這一切而努力奮鬥。與此同時，他們在向他人展現自己是多麼了不起的人時，也希望能得到他人的認同。對這種類型的人來說，關懷或共情之類的字眼沒有立足的餘地，他的心就像一堵巨大而冰冷的水泥牆，即使對方再怎麼控訴自己因爲這堵牆有多痛苦，他也無動於衷。

當然，有些人就算不到這種程度，但因爲與生俱來的性格或成長過程中沒有學到情緒上的交互感應，因此共情能力多少有點不足。值得慶幸的是，這種程度完全可以根據自己的應對方式和訓練來改善。針對人際關係中主要感受到哪些情感、自己的優缺點是什麼、哪方面已經定型以至於缺乏共情能力等等，花點時間分析就能逐步理解，那麼就能在某一瞬間邂逅對事物的看法有所改變的自己。這就像視力不好的人戴上眼鏡之後，世界就變得不同一樣，只要戴上名爲「共情」的新眼鏡，不僅是與自身的關係，也是與其他人的關係，甚至是與世上的關係都會煥然一新。

美國的心理學家歐文．亞隆爲了解決人與人之間的溝通與共情的問題，主張應該「從對方的窗口往外看」，他講述了一個相關案例如下。

有個女人從小就與父親關係不好，正如父權制的父親們一樣，她的父親展現在家人面前的也往往只有威權的模樣，尤其經常和處在敏感青春期的女兒產生衝突，即使如此，女兒還是渴望父親的溫暖。不久之後，女兒到了上大學的年紀，一直希望與父親關係有所緩和的女兒，就決定利用這次機會，請父親開車送她到遙遠的大學宿舍去。

她希望能在與父親同行的途中彼此交談、相互和解，可惜長久以來渴望的旅行以失敗告終。父親一路上邊開車邊抱怨，說路旁小溪滿是垃圾，難看極了。相反地，她卻覺得小溪沒什麼垃圾，還挺有田園風情。最後兩人各自扭頭不理對方，就此結束了這次的旅行。

隨著歲月的流逝，父親去世後，女兒有一次故地重遊，再次開車經過那條路，這才驚訝地發現道路兩旁各有一條小溪，上次父親開車時，從窗口看出去的那條小溪的確又髒又荒涼，這時，她才對自己沒能從父親的窗口往外看而感到後悔。

這個故事讓我們了解到「從對方的窗口往外看」在共情中有多麼重要。亞隆自己也有一件很有趣的逸事，他爲了治療某位病患，決定各自寫下兩人見面之後的感受，希望藉此形成共識，也希望能在治療上出現有意義的進展。但幾個月之後，看著各自的紀錄，才發現兩人之間不僅沒有產生共情，就連對同樣的一件事，也有著完全不同的記憶。

他以爲對方會把注意力放在自己的分析講解上，沒想到病患卻只顧著稱讚他的穿著和外表，或兩人在練習角色扮演時，互相打趣的事情上，也就是一些他根本不會意識到的瑣碎事情。有了這件事做爲契機，亞隆才重新領悟到，正確地感受及理解他人的情感不是一件容易的事情。

亞隆認爲，「共情」一詞的濫用，讓我們經常忘記其過程是非常複雜的。相反地，將自己的情感投射到對方情感的作法，相對來說就容易得多，所以才會有那樣的反應。換句話說，重要的是我們應該從對方的窗口往外看，但結果卻往往只顧著從自己的窗口看出去。

畢竟，「共情」是唯有努力訓練自己從對方窗口往外看的人，才能擁有的情感。而個人將日常生活中的這種共情匯集起來，才能成爲傑里米・里夫金（美國經濟學家和社會理論家）所說的同情互惠的「共情人」（Homo-Empathicus）①。

我時常在想，我們能爲人類貢獻一己之力的，不就是「好好活在當下」嗎？如果我能先和自己好好溝通，再將之擴大到和我的家人、鄰居、同事、親友們形成共識，彼此交流無礙的話，這不就夠了？這麼說雖然有點老套，但許許多多這樣的人集合起來，就構成了我們的組織和社會，再進一步就構成了整個世界。

總之，如果我現在可以和眼前某個人產生共情並互相交流的話，那我就心滿意足了。而且，我們也有能力那麼做，因爲腦科學家早就在我們的大腦中發現了能起到共情作用的鏡像神經元（又名共情神經元，不僅可以像鏡子一樣模仿、複製對方的行爲，也是理解他人意圖的手段）。腦科學家指出，因爲有鏡像神經元，我們在看到別人受傷時，才會像自己受傷一樣感到疼痛。

---

①出自《移情文明：危機世界中的全球意識競賽》一書。

雖然也有「凡不是生長在自己體內的東西，無論是什麼都無法長久」的說法，但我們的大腦裡不是早就有了共情神經元嗎？這也表示，我們從一開始就具備了與他人產生共情，可以眞誠親近對方的能力。

研究腦科學的人當中也有人說左腦象徵科學、右腦象徵自然。這可以解釋爲左腦與擅於透過分析、思考來表達的西方文化圈；右腦與擅於用隱喻方式來表達和思考的東方文化圈，各有很深的關係。

無論是知名的性徹禪師②所說的「山是山、水是水」，還是佛教的禪，抑或將自然顯現在卦象中，再自行釋義的《易經》，都是右腦的產物。以漢字做爲代表的表意文字，主要靠右腦來讀取，這也算是其中的一個例子。而我在醫學博士論文中，也證明了韓國文字主要是靠右腦來讀取的。

我個人認爲，在心理分析的時候最好能考慮到文化圈的影響，實際臨床上我也經常有這樣的經驗。最具代表性的例子，就是當我和在國外治療未果返國的留學生見面時，他們服用的主要是用於治療嚴重憂鬱症或精神疾病的處方藥物，用量也相當大，但很多人由於症狀不見好轉，只好回國治療。

這麼做也是有原因的，他們主要抱怨的問題是與父母的衝突，在東方文化圈這不是什麼大不了的問題，但外國醫師們就無法理解，他們認爲都已經十七、八歲的人了，應該從父母身邊獨立出來，因此他們的診斷結果就是精神上不夠獨立的未成熟狀態，就開了精神疾病的藥物。對於這樣的患者，只要開立治療精神衰弱的藥物，再針對父母子女關係進行心理諮商的話，症狀就會好轉。

不只心理分析會受到文化圈的影響，應該說，生活上幾乎各方面都如此。從這個意義上來講，我們身在受右腦影響較多的文化圈，其實就是一大優點。儘管偏重左腦的分析、思考能力與邏輯能力很重要，但爲了更加從容地與他人靈活相處，也應該多關注右腦的作用。

當然，對於這種關注沒有多宏偉的方法論，只要偶爾多給自己一點休息和放鬆

---

② 성철스님，韓國佛教禪宗僧人，對現代韓國佛教有很大的影響。

的時間，這樣就夠了。右腦和幽默感也有很深的關係，所以如果能讓自己有機會多笑笑，多培養一些在人際關係中的溫馨理解和共情能力，那就別無所求了。

5 在自己心中開啓一扇窗

我們的身體如果出現異常徵兆就會馬上去醫院，不會因此感到奇怪或不好意思，然而如果牽涉到心理問題，就不敢馬上就醫。所以，我很想舉辦一場呼籲大家應該同等對待身體和心理的活動。

譬如我們的身體只要稍微屛住呼吸就會有窒息的危險，那麼假設我們被關在密室裡，爲了逃出密室得以正常呼吸，一定會用盡一切的手段，即便大喊救命、拚命掙扎也不會有人感到奇怪，大家反而會盡可能地跑來全力救人，而被拯救的一方也只會表達感激之意而已。

但一牽涉到心理問題，情況就大不相同。尤其生活在大韓民國的大多數男人，心理上再怎麼痛苦、窒息到快死的程度，也不會向外界求救，更多的情況是他們覺得這種想法本身就很丟人。由此可見，韓國男性自殺率高於女性的情況一點也不足爲奇。

這是美國九一一恐怖事件發生當時的事情：美國政府擔心倖存者終生會留下心理創傷，因此提供倖存者心理諮商治療。但聽說其中有些韓國男人拒絕接受心理諮商治療，因爲即使他們面對的是醫師，但他們原本就非常不習慣向他人表露自己的情感，在這種情況下，無論周圍的人如何勸說也無濟於事。

但是，那麼致命性的心理創傷一定會以某種方式爆發出來，或許正因爲如此，聽說拒絕接受心理諮商的人當中，就有人在電視上看到在世貿大樓原址舉行葬禮的場面，突然放聲痛哭。這是因爲他們無法接受針對心理問題接受諮商這件事，才會造成長期壓抑下來的情感，像潰堤般一下子爆發出來。幸好有人能以痛哭這種方式發洩情感，那麼，他即使沒有接受心理治療，也能在某種程度上承受得住這種壓力。

有一次，一位中年男子被妻子拖來找我。他是一個從小就被灌輸「男兒有淚不輕彈」的觀念，被迫壓抑情感長大的男人。這個人最近遭到任職的公司解雇，深感挫折，每天借酒澆愁、疏遠了家人。妻子安慰丈夫說，她知道公司方面是不當解雇，他沒有做錯任何事，所以不要太自責，還說他絕對有資格暫時先休息一段時間。然而，男人什麼話都聽不進去，因爲他只要想到自己一點過錯都沒有，卻被公司強迫離開，就極端地憤怒。

對他來說，能消除憤怒和挫折感的方法只有酒，雖然他平常也會喝酒，但現在喝得更多，經常喝到神智不清。不知從何時開始，朋友們都盡量避免和他喝酒，他便買酒在家獨自喝了起來。這男人喝了酒就鬧事，家人也不知道該如何對待他。

當他神志比較清醒時，對家人不理不睬，這種行爲也對家人造成了傷害。他不僅對妻子視而不見，和子女也是連眼神都不再交會，因爲他不想讓家人看到自己悲慘的模樣，覺得自己沒有盡到身為家長的責任，是家中多餘的存在。每當他有這種想法時，就覺得自己彷彿被獨自拋棄在無盡的黑暗中，伴隨他的是極端鬱悶的情緒。

直到妻子連離婚這兩個字都說了出來，他才終於振作起來，但仍極度排斥心理諮商的治療法。到目前為止，他從來沒有向任何人吐露過自己的心聲、討論過自己的心情，因為這需要他過度暴露出情緒化的一面。然而在無法拒絕妻子的懇求下，不得已才開始接受心理諮商。

我向他解釋情感的力量，**所謂「情感」，總而言之就是心靈的感覺**。只要活著，不用多費心，眼睛就會為我們看到外界事物（視覺）、耳朵會為我們聽到外界聲音（聽覺）、鼻子會聞到氣味（嗅覺）、嘴巴會嘗到滋味（味覺）、身體會告訴我們觸摸到的是什麼東西（觸覺）。而我們不會向這些感覺細胞追究為什麼讓我看見東西、為什麼讓我聞到味道，相反地，反而要予以感謝，因為這就證明了自己還活著。

身體包括痛覺在內的各種感覺，會在身體出現異常時負責發出訊號，要我們盡快找出原因解決異常現象。做為心靈感覺的情感也承擔了同樣的使命，當無法辨識自己所感受到的情感、無法適當地應對它所發出的訊號時，我們的心就會生病。再者，唯有知道自己的心會痛，才能理解別人的心也會痛，壓抑自己心痛的人也會壓抑別人的心痛，這種人在人際關係中必然缺乏共情能力。他們不僅不會安慰心情極端痛苦的人，反而會當面斥責對方：「一點小事有需要那麼痛苦嗎？」還認為自己說得沒錯。

在諮商過程中，男人才終於知道，自己把心靈逼到了致命的窒息狀態。在被解雇後飽受痛苦的過程中，他心中的委屈和憤怒越積越多，這種狀態再持續一段時間的話，一定會被自己的委屈和憤怒壓死。為了脫離這種狀態，他必須盡早擺脫這樣的情感。

精神科將這種作法稱為「心靈換氣」，就像我們打掃時會打開窗戶換氣一樣，當心裡堆滿了無用的廢物時，也需要將這些東西排出體外，重新填滿新鮮空氣。

造成自身痛苦的情感越強烈，我們就越想壓制它，但是情感就像火種，通常不會輕易熄滅。以前的人爲了不讓火種熄滅，選擇將火種埋在灰燼裡，乍看之下火種好像熄滅了，但只要吹幾口氣，重新引燃，馬上又會變成熊熊燃燒的火花。如果一下子引燃太多，火花太旺盛就有可能蔓延成大火，所以有句話說「一火毀三房」。

越是痛苦的情緒，我們就會下意識地埋得越深。當然，這也可能是生活中所需要的一種保護機制。因爲我們若是赤裸裸地感受情感的話，任何人都很難正常活下去。但是過度壓抑也是個問題，被壓抑的情感有一天總會以某種方式露出眞貌，壓抑得越厲害，爆發出來的殺傷力也越大。

所以，**再怎麼激烈的情感，還是應該在某種程度上承認它的存在並加以接受**，當然還得經過過濾的程序，譬如向值得信賴的人傾訴自己的情感，或是像寫日記一樣在筆記本上寫下來，給自己一些時間來過濾。不然的話，一味地壓抑情感就像把火種埋在灰燼裡一樣，等於是在心裡製造了一座休眠火山，那就糟糕了！

其實科學方面早已證實，慢性壓抑情感的話，在身體和精神系統上都會出現很大的問題。也有報告指出，無法認清自己基本情感需求的人的共同特徵，就是強大的自制力。但這種自制力在癌症治療等方面卻被當成是一大障礙，也會造成復原速度減緩。有時最強大的治癒力量，就是從釋放長期壓抑的憤怒、進一步啓動免疫系統開始的。所以為了不讓情感化膿、定型或擴大到難以控制的地步，就需要適當地傾訴、釋放出來，這也是我們在人際關係和工作上尋找正確方向的方法。

6 不要強求幸福

小時候讀過的童話故事中有一部作品名爲《失去影子的人》①至今我偶爾還會想起這個童話故事，內容我已經記不清楚了，大概的情節如下：

主角（這時仍有影子）在旅途中遇見了一個類似魔法師的人，他隨時都能從衣服口袋裡掏出人們想要的任何東西，但這個魔法師其實是惡魔喬裝而成的。不明究理的主角被惡魔的神奇模樣所迷惑，惡魔提議說：「我用取之不竭的財富和你交換你的影子。」覺得影子這東西有沒有都無所謂的主角，接受了惡魔的提議，馬上就成了超級巨富。雖然他每天都過著光鮮亮麗的生活，但不知道從何時開始有了奇怪的感覺：周圍的人發覺他沒有影子，開始用奇怪的眼光看他，在人們的竊竊私語和排擠下，男人終於後悔當初出賣了自以爲毫無用處的影子。

於是他又去找惡魔，要求惡魔歸還影子。惡魔又提議，這次就用出賣他的靈魂做爲歸還影子的代價。但主角已經領悟到自己用影子交換金錢的行爲有多麼愚蠢，所以斷然拒絕了惡魔的提議。於是他又回到過去的貧窮處境，但他反而有種鬆了一口氣的感覺。之後在一次偶然的機會下，主角得到了一雙一步可以走七公里的靴子，因此比別人擁有了更快的機動性，得以在許多人跡罕至的地方探索大自然，讓他非常高興。雖然沒有影子，但因爲沒有出賣靈魂（或許也因爲經歷了失去影子的人生所帶給他的不幸），他才能夠拋棄一切，最後得到了自由。

失去影子的男人，他的「影子」就類似我們的情感。**生活對任何人來說都是一**

---

①原書名爲《彼得・施雷米爾的奇幻故事》，作者爲法裔德國詩人阿德爾貝特・馮・沙米索。

連串問題的集合，在這過程中，我們被捲入各種感情的漩渦裡，就像某一首歌的歌詞一樣，過著「今日笑、明日哭」的生活，這就是人生。從某種意義上來說，情感和影子比起來，與我們的關係更密切，影子只有在明亮的白天才看得見，但情感卻是二十四小時與我們同在，甚至連睡覺的時候也會出現在夢境裡。所以說人生的好壞端視個人如何掌控情感，這話一點也不爲過。

因此，失去影子的男人當初會受到誘惑是完全可以理解的，別說是毫無危害的影子可以賣掉，換作是經常在一起、偶爾還會讓自己吃盡苦頭的東西，誰會不想賣呢？

人生中可以感受喜悅和歡愉的時間不多，果實成熟後最甜美的時間，也只有短短的一季而已，大部分的時間都在等待成熟，也必須等待，有時太熟了還會被丟掉。人生也是如此，喜悅和歡愉到來的時間太短，就連和最快樂的童年時期相比，現在不快樂的時候居多，例如因爲開始學習英文，使得孩子們從這個時候起，就已經在情緒上飽受折磨。我曾聽人說過「三歲定八十」，三歲不快樂，八十歲也不會快樂。我經常會想起這句話，然後口中低語一聲「這話說得對！」

許多人在現實生活中總是抱持著「我一定要幸福」「我一定要成功」之類的強迫觀念，似乎不這樣就無法活下去，正因爲如此，我們在情感上才會時常感到不幸福。再怎麼強迫自己要得到幸福，但眞正到手的時間也不過是一瞬間而已，大部分的時間，都在後悔自己於人生中所犯下的無數蠢事，並且爲此導致的煩惱、悲傷、挫折和失去的痛苦而備受煎熬。雖然有極少數心智強大、膽量佳的人，但在他們內心深處的一角也一定積存著只有自己才知道的痛苦。

每個人都想幸福、都想成功，但不能盡如人意的時候更多，這就是人生。就這一點來看的話，或許我們能享受的只有**努力的過程**。如果可以抱著這樣的想法，接受現實的話，那麼情感上的不幸是不是也會隨之減少？在某種意義上來說，**清空內心就是停止命令自己一定要實現願望**，內心清空了之後，才有再度塡滿的機會，這不就是人生有捨有得的「積極性矛盾」嗎？就像失去影子的男人在拒絕出賣靈魂之後，才重新獲得自由一樣。

7 情緒也需要好好管理

多年來，民載每次來心理諮商診療，就會不停地抱怨身邊的人：不顧家又有外遇的父親讓母親痛苦不堪、因爲對父親行爲感到憤怒而罹患憂鬱症，完全不照顧自己的母親、對這樣的母親毫無反抗之力長大的自己、好不容易踏入社會後，卻因爲錯誤的相識讓自己痛苦不堪的人們、毫不關心自己的痛苦，凡有苦差事都支使他的職場上司和同事們等等，在他敘述中出現的所有人都不過是是折磨他的人物。

他相信這世上只有兩種人，那就是被傷害的自己和折磨自己的人。然而不知從什麼時候開始，他有了轉變。過去我希望他能正確看清問題而說明問題所在的時候，他總是反駁我：「妳哪知道我的痛苦！」但現在他開始能理解我所說的話是什麼意思。

於是有一天，他坦承：「我第一次知道原來情緒也需要管理，所以我現在心情不好也不會放著不管，而是開始觀察為什麼心情不好，情況真的嚴重到需要讓自己心情壞到這種地步嗎？」他還說，他現在才發現自己過於陷入被害者意識中。和第一次見面時的他相比，不得不說民載確實有了相當大的進步，我的心情也跟著變得愉快起來，大大地稱讚了他一番。

現實中，的確有人總是在不停地抱怨、發牢騷、說風涼話，每天都過得很費勁。這些人可以給出數百萬種自己不得不過著悲慘生活的理由，但是看他們說話的樣子，卻給人一種他們其實很享受這種不幸和悲慘的感覺。他們會因為一點點小事受挫，感到憤怒不已，卻從來沒有想過要從自己身上找出這所有事情的原因，總是把過錯和責任轉嫁到別人身上，病態地啓動「投射」的自我防禦機制。

我們的精神世界有自己的「自我保護裝置」，那就是心理防禦機制。換句話說，這是讓自己能克服各種精神矛盾的心理策略。

更簡單地說，所謂「投射」是指將自己在無意識中所抱持的攻擊性計畫或衝動，轉嫁爲他人的過錯，像是有疑妻症或疑夫症的人會將自己的欲求投射到配偶身上，其實是他渴望外遇而痛苦不堪，爲了遮掩這種渴望，就將自己的心理投射到配偶身上，逼問對方：「你是不是有外遇？」

防禦機制中還有一種所謂「轉移」機制，是指將自己對某個人的情緒直接轉移到足以替代的其他對象身上。舉個簡單的例子，有個人在上班時，被和妻子同個地方出身的上司責罵，下班回家以後，一看到妻子就突然怒火中燒，當場啓動「轉移」機制，大聲對著妻子咆哮：「妳家鄉的人怎麼都那副德性呀！」

還有一種人碰到問題就「退化」成像孩子一樣。當一個成年人在生活中遇到嚴重挫折時，在行爲上會喪失之前發育成長的一部分，後退到比現在更爲幼稚的水準。譬如住院患者會像孩子一樣依賴醫療團隊或家人，就屬於此種類型。還有所謂的「認同」，則指態度和行爲逐漸變得和父母或身邊重要人物一模一樣。相反地，有些人說絕對不會做出和自己討厭的人同樣的事情，但卻在不知不覺間，行爲模式越來越相似，這稱爲「敵意認同」。還有「病態認同」，例如國會議員的祕書（或是職等最低的人），在他人面前擺出一副，彷彿自己就是國會議員似地趾高氣昂的態度。

因此防禦機制也成爲了理解心理健康狀態的指標。因爲根據當事人所採取的防禦機制，不僅可以了解其本身的心理彈性①，還可以了解這個人的人生成熟度。例如，如果每次碰到問題就採取前述的病態「投射」機制的話，這就是一個精神上遠遠還未成熟的人。除此之外，採取「敵意認同」「病態認同」或「退化」等防禦機

①又稱爲復原力，是指人們在面對逆境、創傷、悲劇、威脅或其他重大壓力，能處理危機和壓力以及擺脫危機的能力，可說是面對困難的反彈力。

制的人，在心理上也稱不上成熟、有彈性。

決定在何種狀態採取何種防禦機制的主體，通常是我們的下意識，但如果仔細觀察自己的性格特點，大概就能知道自己會採取哪種防禦機制。反過來說，性格的特點，也同樣由較明顯地採取哪種防禦機制來決定。想想那些整天抱怨、發牢騷的人，一眼就可以看出他們是哪種性格的持有者。

防禦機制一次並非只能啓動一種，根據情況的不同，有時候可以一次啓動好幾種。這些防禦機制的積極作用，固然是保護個人免於受到自己難以承受的不安或衝動的傷害，但同時也會讓個人離眞實的自己越來越遙遠。

那麼，我們該怎麼做才能克服各種消極性的防禦機制，管理好自己的內心呢？答案可以在精神醫學家榮格的身上找到。榮格主張「等量原理」和「熵原理」。

等量原理是指當投入某種精神元素的能量減少或消失時，等量的能量就會出現在其他精神元素中。例如，隨著孩子的成長，一開始喜歡槍，後來喜歡漫畫或汽車。對某種事物失去興趣，通常就意味著對另一種事物產生興趣。因此，當一個人覺得自己正將精力花在負面的想法上時，就必須試著將精力轉移到其他能給自己帶來喜悅和快樂的事情上。就如前面民載所說的一樣，要做好情緒管理。

如果說「情緒」是水，那麼「調整情緒的想法」就可以比喻成大地。因爲情緒如水，隨時會改變，但想法如大地，一旦形成就可以堅定地守護水。近來在精神醫學方面常用的認知治療②就出於這種概念，其基本原理就是藉由改變想法來掌控情感。

那麼，要如何改變想法呢？情緒是一種較爲即時的自動反應，因此當一個人深

②是一九五〇年代美國學者貝克所發展的一種，以改變患者錯誤認知的方式達到解除行爲困擾的心理治療方法。——《教育大辭書》。

陷其中時，就很難掌控情緒。但是，想法是情感或感覺先將相關訊息傳入我們大腦之後才產生的，因此較爲次要，可容我們自己來選擇。**先釐清想法會引起負面的情感，還是帶來正面的情感之後，再逐步將消極想法轉爲積極想法。**

就像能量會由物體較強的一端流向較弱的一端一樣，心理能量也會朝向對自己來說較弱的一端流動，即有強烈需求的一端，這就是「熵原理」③。因此如果平時努力促使自己的心理能量朝著自我實現，或奮發圖強的一端流動的話，原本要流向負面思考的能量就會調轉方向。

能量法則再次證明了「隨心所願」這句話，所以情緒有時也是需要管理的。

---

③「熵原理」簡單地說，是指心理能量的分布和流動是有方向的，這種方向性是爲了優質心靈所有結構之間的平衡。如果兩種心理值有著不同的強度，心理能量就傾向於從較強的一方轉移到較弱的一方，直到兩方趨於平衡。譬如精神病人爲了逃避無法對付的強烈刺激，便會環繞自身建立一層外殼來保護自己，正常人則通過各種方式來保護自己，以達到接近「熵的狀態」。——引用自《榮格心理學七講》一書內容。

8 世上沒有理所當然的事情

難道是因為冬天的風冷颼颼地鑽進脖子裡的緣故嗎？每到十二月，許多人就會感到心亂如麻。尤其是過了中年的人，數著一年最後剩下的日子，心情自然不會舒坦。沒有哪個中年世代的人不害怕年華老去，所以心情更加鬱悶，感覺人生該做的事情連一半都沒做完，時間卻通知它早已獨自過了折返點，這讓心情能不焦躁嗎？或許正因為如此，歌德才會說中年是：「要放浪遊戲，年紀未免太老；要心如死灰，年紀未免太輕。」再也沒有比這更絕妙的感嘆了，所以這句話才能在歲月的長河中始終膾炙人口。然而從我的臨床經驗來看，越陶醉於自己社會成就的人，似乎越無法接受年華老去。

成動三十多歲自行創業，把一家小公司打造成現在穩健的中堅企業。他在過去二十多年期間完全奉獻給工作，他只有一個目標，就是要在自己的領域裡獲得成功，而如今他當然已經取得了所想要的成功。一路走來起起伏伏，因爲財政上的困難瀕臨破產之際，他幾乎是不眠不休地一心想重振公司。幸好又迎來了一次機會，他才得以東山再起，接著又繼續埋頭苦幹。

然而有一天，他最好的朋友突然因爲心臟麻痺去世，這讓他生平首次受到巨大衝擊，當初公司差點倒閉的時候，心裡也不曾這麼空虛過。經歷了這件事情之後，他陷入了一種無力感，公司的工作也不順手，在家的時間變多了，才發現妻子也上了年紀。這同時也讓他感到悲傷，因爲他現在才後悔過去不曾對妻子體貼入微，才讓她變成現在這副老態。

問題就在於，一旦陷入了空虛無力，就很難擺脫這種狀態，彷彿連憂鬱症都上了身。當初總是吶喊「積極、再積極」的男人，認爲憂鬱症這種東西是悲觀的人才會得的病，但當自己陷入這種情況時，才感到驚慌失措，飽受衝擊，這才來尋求醫生的協助。

有比想像中更多的人上了年紀之後遇到和成動一樣的危機，美國小說家寇特．馮內果就說過：「身爲人類，就應該問問『爲什麼正好是我？』『爲什麼正好是……（任何事物）？』」如此有深意的話。事實上，人類透過尋找答案的漫長旅程，探索自己存在的根源，同時也不斷謀求科學的發展，其成就耀眼到令人害怕。

例如，要是沒有「爲什麼正好是我？」這個問題的話，佛洛伊德還有可能存在嗎？應該是不會存在了。正因爲有了這個問題，佛洛伊德才會堅持不懈地探索人心，最後揭露了潛意識的世界。

如果達爾文沒有質疑「爲什麼正好是……？」的話，大概也不會遠航到加拉巴哥群島吧？幸好有這兩個人，我們才能有別於過去的世界，以截然不同的方式理解人類的心靈和自然的法則，這就是質疑促使人類進步的方式。

但我們既不是馮內果，也不是佛洛伊德。換句話說，我們不習慣像他們一樣問自己的內心「爲什麼？」因此當我們有一天看到內心出現哪怕只是一點點的縫隙時，或是突然間面對「我是誰？」「生死對我有什麼意義？」的問題時，就會驚慌失措，深受打擊，成動的情形就是一個很顯著的例子。有人討厭面對這些問題，就會耽溺在毒品、酒精、賭博或走上歧途，至少在依賴那些東西的期間，可以逃避生活對我們所拋出的本質性問題。

但對積極生活的人來說，反而透過這些問題得以成長與進步。英國作家馬克・海登曾經說過：「不要把世間一切視爲理所當然，而要不斷地向自己提出問題，當這樣的態度消失時，人們就開始變老。」

事實上，爲了不失去好奇心和熱情，要能有智慧地慢慢變老，首先就得設計好**人生的第二幕**。否則，只顧著埋首在工作或成功中，有一天突然面臨心理上的危機時，就很難承受衝擊。

人在年華老去的過程中，有人說需要改變，有人說需要設計，這些話說得都沒錯。在展開人生新的第二幕時，我們難道不需要設計和改變嗎？那麼，爲尚未到來的日子做好準備所需要的改變是什麼呢？

最重要的就是不要把自己局限在對年齡的固定觀念中，要有**「只要內心活力充沛，無論做什麼事情年齡都不是問題」**的想法。精神醫學家榮格就曾建議要每個人都應該讓位給自己的內在小孩①：「每個成年人的人生中永遠隱藏著一個內在小孩，這個小孩一直長不大，始終渴求關心、愛護和療癒。」

榮格認爲，**只有讓位給內在小孩，才能從年華老去的壓抑中解脫出來**，還要勉勵自己發揮孩子特有的想像力、好奇心、調皮和創造力，擁有更豐富多采的時光。

①第一個使用「內在小孩」一詞的是米西迪，在他於一九六三年出版的《探索你內心的往日幼童》書中提及，指一個人在尚無能力，必須依靠照顧者的時期，會吸收照顧者的所有言行，記憶所有經歷過的好壞情況，形成「內在小孩」。內在小孩會對成年期產生各種影響，並決定人際關係型態。

我也希望在我中年以後的生活，起碼不要虧待我的內在小孩，那麼不僅能擺脫對年華老去所感到的空虛寂寞，人生也會充滿勃勃的朝氣。

逝去的青春再怎麼璀璨，畢竟已經過去，即將來臨的老年期畢竟尚未到來，所以和現在的我一點關係都沒有。因此，當下這一瞬間，難道不是我所能擁有的最好時光嗎？如果能像個孩子一樣，專注於如何豐富且多采多姿地度過這段時間，那對我來說，現在就是我最棒的全盛時期。

9 說話習慣決定你的人生

一年中，我最喜歡一月，因爲讓我同時感到害怕和心動的全新日子，將展現在我的面前。能夠在吹著刺骨冷風的寒冬中迎接一月，也是一件值得感謝的事情。如果像與我們位置相反的那幾個國家一樣，在酷暑時分迎接新年的話，會是什麼樣的光景呢？實在難以想像。所以能夠在冷歸冷，卻讓人頭腦清晰、精神振作的冬天開始新的一年，怎不令人感激呢！

過去的日子已經過去，就不要再計較。無論其中有光榮也好、有失敗也罷，反正都是過去的事情，不可能再因爲他人的議論而有所改變。但是，擺在我面前的嶄新時光，全新的三百六十五天則不一樣，這是還沒有填滿的空白時間。我不知道從中能找到什麼，但我希望如果可以，我想找到一座鑽石礦山。那有名的故事裡不就說了鑽石埋在我家後院嗎？只不過有人找到了，有人永遠找不到。而我，想成爲找到鑽石的人。

成爲啓蒙文學時代經典作品的羅素．康維爾的《鑽石寶地》①至今已經有好幾種不同的版本流傳下來，其中最接近原典的故事大致如下：

波斯某個小村莊裡有個農夫，他的最大願望就是成爲富翁。有一天，他突然有了其他的想法，人一旦有了三心二意，通常就很難挽回，而這「其他的想法」就是他對自己的農場感到不滿意，因爲無論怎麼努力也沒有多少收穫。

有了這種心思之後，他對自己的土地越看越不順眼，最後便將農場低價出售。之後他帶著家人出發尋找可以致富的新土地，然而致富之路不是那麼容易就能找到的，漂泊在路上的期間，家人接二連三死去，最後只剩下他一個人。陷入絕望的他成了乞丐到處流浪，過沒多久也離開了這個世上。

而從他手中買下農場的另一個農夫，珍愛自己的土地視之如命，連農場上的一把土、吹過的一絲風都愛，所以當然會和家人一起奉獻所有精力在開墾土地上。如此努力之下所收穫的成果，就算微不足道，他也很滿足了。他從來沒有失去希望，堅信只要認眞工作，總有一天會結出美好果實。最後奇蹟出現了！一直努力不懈開墾農地的他，決定連之前那位農場主人丟棄的後院也開墾出來，雖然土地貧瘠，但他並沒有放棄，繼續挖下去，終於有一天，他在那處後院裡發現了鑽石礦山。

「不要放棄，再多挖一公尺！」這句話是這個故事的另一個版本。故事內容是有個農夫聽了後院有鑽石的故事之後，就開始挖自己家後院。但他再怎麼努力地挖，別說鑽石了，只挖出了一大堆石頭，因此他決定放棄，就把土地賣掉了。然而，新買下地的人來了以後，只多挖了一公尺，鑽石很快就露了出來。

---

① 繁體中譯本書名爲《有錢人才知道，財富就在家裡面》。

我們在做一件事時，哪個時間點是我們最強烈感受到放棄的誘惑呢？通常都是再多走一點，就能看到高地的這個時刻。因爲僅僅是走到這裡的過程中，已經太過疲憊，就產生了高地還遠在天邊或根本就不存在的想法，所以即使高地就在眼前，很多人也因爲疲憊就放棄了。

其實，在人生各方面都獲得成功的人，無論他的成功是樸素、是華麗，都是不放棄最後一公尺的人。如果可以，我也想成爲那樣的人。當然這需要付出非常大的努力，所以我也很難保證自己做得到。

所以我苦思良久，如果讓我在這個時候挑選一件我做得到、也是非做不可的事情的話，會是什麼事情？對我來說，答案是：**建立正確的語言習慣**。訓練自己盡可能多說好話、說充滿希望的話、說感激的話，這就是我今年的目標。

《學習樂觀．樂觀學習》的作者馬汀．塞利格曼主張：**「想成功就要有毅力，**

也就是即使失敗也不放棄的能力。我認爲樂觀的語言習慣就是培養毅力的關鍵。」

我也同意他的話，如果人生都是言出必有果的話，那就盡量不要有不好的語言習慣。

塞利格曼以下列的故事做爲例子來顯示語言習慣的重要。

美國某大學爲了研究成功人士的一生，進行了一項實驗追蹤他們從十多歲時期至今的情況，而結果中有一項十分有趣，那就是他們的語言習慣。

例如，在比較他們十多歲時的日記內容時發現，雖然對好事的語言習慣較爲參差不齊，但對壞事的語言習慣五十年來，大部分都沒什麼改變。十多歲時在日記本上寫下「『因爲我沒有魅力』，所以男孩子對我不感興趣」的女性，五十年之後寫的是「『因爲我沒有魅力』，所以孫子不來我家玩」。雖然很悲哀，但她的人生也等於一輩子都在實現她說的話。

若不想陷入這樣的悲劇，也就是說，若想養成良好語言習慣的話，該怎麼做？

方法只有一種，就是要**相信自己**、**愛自己**。在今天各式各樣自我啓發書籍大量發行的時代，我也很明白這話聽起來有多麼老套。有一次去授課的時候，我有過與此相關的有趣經驗，那天剛好和一群來聽我講課的年輕人搭上同一部電梯。

「今天上課的內容是什麼？」有個看起來像是二十多歲上班族的女性問她的朋友，她們沒有察覺自己正和今天授課的人在一起，所以另一位女性就回答朋友的疑問說：「大概也就是一些愛自己之類的話吧？自我啓發類的課程還不就那些東西。」說完兩人呵呵笑了一下，而我聽了只能在心裡苦笑。幸好當天講授的內容沒有提到愛自己之類的「那些東西」。

之所以一定要提到這個故事，是因爲我覺得明明就沒有比要相信自己、愛自己更重要的事情，爲什麼這話會變成人們口中的「老套、陳腔濫調」呢？然而，所謂的「老套、陳腔濫調」，在另一方面也意味著普遍認爲是「不可或缺、十分重要」的。或許正因爲如此，才會有那麼多的人將其做爲寫文章或授課的主題吧。

相信自己、愛自己之所以重要，在於如果做不到這一點，就會過度受到他人的言語、他人的判斷、他人的視線所左右。對此，古時候的賢人伊拉斯謨感嘆地說：

「一個憎恨自己的人還能夠愛別人嗎？一個自己內心四分五裂的人，還能跟別人和睦共處嗎？或者說，一個和自己過不去的人，還能給別人帶來歡樂嗎？……自然女神在許多方面與其說是親生娘，不如說是繼母，這就在凡人的心裡播下了邪惡的種子，尤其是在那些更富於思想的人的心裡，這使得他們對自身的命運深感不滿，而對別人的命運又滿懷妒忌。這一來，人生的好處本應增添迷人的魅力，卻反而遭到損害，毀於一旦。」伊拉斯謨生動地描繪出不相信自己也不愛自己的人容易落入的陷阱。

韓國有句俗話說「別人的糕看起來更大」（遠來的和尚會唸經）。如果別人手上的糕眞的看起來比較大的話，那就算了。但就在自己覺得自己的東西全都微不足道時，看到別人手上的糕，那問題就出現了。結果就會如伊拉斯謨所說的，人生的好處、魅力都會毀於一旦，自然會從口中不自覺地冒出鬱悶的、負面的、不好的言詞，然後又會因爲這些言詞，讓自己的人生變得更加微不足道，從此落入惡性循環中。

我們都知道，**擺脫這種惡性循環，才是找到自己內在鑽石的方法**。所以，一定要訓練自己保持好的態度、說好的話，當然也別忘了要下定決心繼續保持這種優良習慣才行。

10 無法如願也要若無其事地泰然處之

我們的大腦比想像得更聰明，一旦刻在腦中的痛苦記憶，如果不予解決，有一天一定會再度冒出來。越不想要的記憶，反而會越長久地潛伏在潛意識的世界裡，然後在某個瞬間就像冰山一角似地突然冒出來。

我們的生活也一樣，越困難的事情，很多都是除了正面突破之外，沒有其他的辦法解決。人際關係和生活都屬於自然的一部分，就像自然中少有直線串連的事物一般，生活中也沒那麼多直線路徑。《易經》裡我最喜歡的一句話就是「無平不陂」（出自《易經》泰卦，比喻凡事沒有始終平直而不遇險阻的），也對韓國詩人趙炳華的詩句「我的天敵就是我」深有同感，因爲我也不只一次對那句話有切身的感受。然而，大多數的矛盾都是來自認爲自己的人生必須是一條直線的想法中。

就我的情況而言，或許該說「我的天敵就是我與生俱來的性格」，才是更正確的形容。我的性格焦躁指數很高、遇到小事情也猶豫不決、經常在憂鬱中掙扎，但在處理事情的時候，只要有了推動力，就會以驚人的速度完成；相反地，一旦放手的事情，通常就再也想不起來，而這樣的性格也給我惹了不少麻煩。但是所有方面加起來，賦予我人生多采多姿的光譜，也是不爭的事實。只不過對人類來說，承認自己的缺陷是一件非常困難的事情，因爲沒有哪個時候會比和他人比較時，更凸顯出自己的不足之處。

例如有個人外表俊秀、能力出眾，還具有商業手腕，可以說正不斷奔向成功之路，再回過頭來看看自己，想不透自己爲什麼是這副模樣、這副德性。這一刻，面對人生的不公，沒有人不會感到挫折，一定有很多人會因此抱怨，抱怨自己沒有含著金湯匙出生，抱怨自己沒有得到好的機會，抱怨自己沒有天生的好看長相和聰明大腦，抱怨沒有人眞正賞識自己等等。一旦開始抱怨，就會變得沒完沒了，而這些抱怨大部分會成爲自卑感的起因，如果就此任其發展到妨礙日常生活程度的話，最後就會引起精神疾病。

其實，每個人的人生都有問題，不管是看似幸運或不幸運的人都一樣。沒有人可以百分之百過著如願以償的人生，無論是哪種人生都必然存在著缺陷。然而，就是有人無法接受這個事實。

想要彌補缺陷，**首先就必須接受這個缺陷，承認人生不可能只存在直線，再努力彌補這個缺陷**。我喜歡用「心也得吃東西才行」（下定決心）來形容這種努力，就像我們的身體吃下食物消化分解之後就能產生力量一樣，我們的心也得有東西進來，才能在代謝之後，製造出能量。

那麼，心要吃什麼呢？或許大家已經都猜到答案了吧？搞不好有人一聽就會喊說：「什麼呀，不會太過陳腔濫調了嗎？」當然，「要吃積極正面的情感」這個回答絕對會讓人產生那樣的想法。但人生中大部分的答案，像是希望、夢想、愛、喜悅、高興，都很老套。重要的是，只有那種積極正面的情感，才足以成爲我們的精神食糧。吃下這些食糧，我們的大腦會抑制精神壓力賀爾蒙的分泌，轉而大量分泌與內心安寧相關的催產素，這也是眾所周知的事實。如果能藉著這樣的努力克服人生的挫折，彌補自己的不足之處，有這些食糧也就夠了。

在精神醫學上測量心理健康的工具中，有一種是評價「我的人生我做主」的自我意志力和自我決策力的測驗，其中最重要的項目，就是「能否接受真實的自己」。正如本書一再強調的那樣，我認爲這是可以了解自己的人生是否和「健康的刻薄」結合在一起的重要指標。凡是能接受眞實自我的人，都是理解**「因爲有了出生後所經歷的一切，才有了現在的我」**這個事實的人。

如果將此代入愛因斯坦的相對論原理 $E = mc^2$ 的話，就可以找出更確切的答案。也就是說，如果將能量（E）視爲自己精神力和創造力的話，質量（m）就可以看成是自我價值，即自信心，而光速（c）則是智慧。

質量，即自信心，是指**做爲一個眞正的人類接受自我的能力**，而不是以社會地位或職業等外在因素來評價自我。很久以前，有位學長透露他留學國外的經驗，他說當他到了國外以後，才發現自己不再是個在韓國平步青雲的醫生，只是一個東方人罷了。當我聽到他說當他不再擁有社會上的條件，而是做爲一個個體來到異國他鄉，才終於學會接受自己眞實面貌的時候，不禁肅然起敬。

智慧，顧名思義，指的是**眞正的慧眼，而不是死知識**。想具有這種能力，就必須對人類有更廣泛的理解。有一次，一位法官出身的律師這麼說：「我擔任法官的時候，看不到服刑十年的人和他們的家人有什麼改變。但是，成爲律師之後，就可以在他們身邊直接目睹那些人的變化。從那之後，我對審判中的判決有了更深的敬畏。」他的話清楚地說明我們對人類應該有什麼樣的理解。

當然，並不是說一個人接受了自己，就會時時刻刻滿意一切。身體上的肌肉需要每天鍛鍊，好不容易練就的腹肌稍有懈怠又會消失。同樣的，心靈也需要一再地進行調整訓練。例如，即使因爲做錯事而感到心痛，在批判自我之前，應該先努力接受和理解這樣的自己，不要問自己「我爲什麼會那樣？」而是告訴自己「當時我是爲了什麼才那麼做的？」試著解決現實的問題。換句話說，必須好好思考**「爲了**

個人發展要投資什麼？」「爲了解決現實問題，需要使用什麼方法？」等等，看看自己爲了解決問題，是否付出過多的努力，或者剛好相反，付出的時間和努力都太少。

最近在精神醫學中證實「大腦也會變化」（Neuroplasticity，神經可塑性）。生活中「健康的刻薄」裡，也包括了「努力促使大腦變得靈活」在內。當我們有無法解決的情感或想法時，大腦就會設法解決，但是自己也應該盡量減輕大腦的負擔。

在《四字成語》（옛사람이 건넨 네 글자）一書中，我看到「處世六然」一詞，意思是生活中必須遵守的六種持身之道，這是明朝崔銑送給詩人王陽明的處世訓，內容如下：「自處超然、處人藹然、有事斬然、無事澄然、得意淡然、失意泰然。」讀著這篇文章，我感覺裡面蘊含了在生活中應該遵守的「健康的刻薄」，即使不是古時候的王陽明，這段話也值得我們銘記在心。

結語

先愛自己再愛別人

幾年前我失去了心愛的寵物犬，當初我對那小傢伙一見鍾情，之後一起度過了七年的時光。全家都愛牠，但牠唯獨和我感情最深，很多次我趕著回家都是因爲想念牠。

牠當然也很清楚我對牠的愛，而牠回報給我的愛和奉獻更甚於我的付出。

我如此深愛的小傢伙有一天突然離開了，在沒有任何預告的情況下。

有一天小狗突然生病，我帶著牠，驚慌失措地跑去動物醫院，但已經無濟於事。醫院方面說牠只會變得越來越痛苦，建議我安樂死——那當然是不可能的事情。

我帶著牠到更大的醫院去，不斷地對著牠呢喃：「不管發生什麼事你一定要活下來。」第一天晚上安然度過，我也就放心了。

面對人生悲劇，人們總希望自己會是個例外，對那小傢伙，我也是如此。電影《馬利與我》（Marley & Me）中，主角也對獸醫喊著：「我的小狗不一樣，一定會活下來。」

我也和電影裡的主角別無二致，但我很快就碰上了人生不允許例外出現的時刻——獸醫院打電話來，說小傢伙已經嚥氣，那瞬間我簡直不知該如何是好。一想到小傢伙身邊什麼人都沒有，就這樣獨自離開了世上，我的眼淚就流個不停。

我再度體會到，人生的所有問題在生離死別面前都沒有任何意義。畢竟，面對死亡，什麼都不重要了。即使如此，我還是為過去那段時間裡，究竟失去多少東西而感到十分自責。

在突然生病之前，小狗一直都很健康，而且最喜歡出去散步，但是我卻經常忽視小傢伙每天早上要我一起去散步的哀求眼神，因為我心裡總想：比起和小傢伙去散步，我提早三十分鐘到醫院的話，不知道能多處理多少事情。如今，小狗走了，我才想到其實那些事情不一定非要在那個時候處理，同時也想起那麼多我沒能爲小傢伙做到的事情。

人生重要的是什麼？難道不是在絕對需要我的存在身旁，給予除了我以外沒人給得了的東西？但這樣的領悟總是遲了一步，小傢伙已經離開我身邊。

有經驗的人就知道，小狗的愛是沒有絲毫算計的，牠們只會將無止盡的愛完完全全奉獻給自己深愛的人。相反地，我們人類呢？大多數的情況，對方付出多少，我們就盡全力回饋多少，我們總認爲，哪怕只是一點點，也沒必要多付出，因爲誰知道哪天會不會被對方背叛。

或許那不是出於有意圖的算計，但在不想再受到傷害的前提下，我們會不自覺地產生那種想法。然而，小狗不會這樣，牠們心裡沒有任何算計，只是始終如一地付出無止盡的愛。說不定就是因爲這樣的投入和奉獻，小傢伙們的生命才會如此短暫。

人與人之間不可能存在那樣的愛，或許有吧，但對於包括我在內的普通人來說，這種事情不太有可能發生。並非因爲我們不懂愛，有太多太多的書籍、電影、連續劇都以愛爲主題，展開各種劇情，有時令人感動、有時感到憤怒，有時讓人憧憬、有時做爲榜樣，有時也做爲反面教材，讓我們不知不覺地沉迷其中。

但那所有的故事都不屬於我，我有自己的故事、自己的愛情，而故事中，也只有我才知道該怎麼做才能得到眞正的愛，問題就在於不敢付諸實現。我們明知道只要踏出第一步，後面的步伐就會順利很多，卻不敢輕易邁出腳步。

這不是沒有原因的。愛情裡總是交織著期待和不安，怕自己的付出得不到回報的不安感、怕自己不值得被愛的自卑感、怕自己會受傷害的恐懼感，這種種心理因素造成了我們不敢去愛。但我們必須彼此相愛，因爲唯有愛才能給予我們救贖。

覺得這是老生常談、陳腔濫調嗎？但又怎樣，這是唯一即使時過境遷，依然管用的辦法。還有，對於該怎麼愛的解答也只有一個，雖然同樣老套，但依然很管用，法國精神醫學家馮絲瓦茲・多爾多的下列這段話就是答案：**「先愛自己，再愛**

別人。因此，我們必須接受自己過去在人際關係中失敗的一切、被欺騙的一切，以及對話過程中留下的心結。」

要做到像多爾多的話一樣，當然不容易，但還是可以盡力而爲。那麼，說不定就可以更自在一些、輕鬆一些，甚至更優雅、有品味地去應對所有的愛情和人際關係。

Eurasian Publishing Group
圓神出版事業機構
用心與你對話．網野無限寬廣
圓神出版社
Eurasian Press

www.booklife.com.tw
reader@mail.eurasian.com.tw

勵志書系 154

我決定刻薄地生活：

在不受傷害的情況下，打動人心的關係心理學

나는 까칠하게 살기로 했다：상처받지 않고 사람을 움직이는 관계의 심리학

作　　者／楊昌順（양창순）
譯　　者／游芯歆
發 行 人／簡志忠
出 版 者／圓神出版社有限公司
地　　址／臺北市南京東路四段50號6樓之1
電　　話／（02）2579-6600．2579-8800．2570-3939
傳　　真／（02）2579-0338．2577-3220．2570-3636
副 社 長／陳秋月
主　　編／賴真真
責任編輯／歐玟秀
校　　對／歐玟秀．吳靜怡
美術編輯／金益健
行銷企畫／陳禹伶．林雅雯
印務統籌／劉鳳剛．高榮祥
監　　印／高榮祥
排　　版／莊寶鈴
經 銷 商／叩應股份有限公司
郵撥帳號／ 18707239
法律顧問／圓神出版事業機構法律顧問　蕭雄淋律師
印　　刷／祥峰印刷廠
2023年2月　初版
2023年4月　2刷

나는 까칠하게 살기로 했다（I Decided To Live My Life in Finicky Mode）
Copyright © 2022 by 양창순（Chang soon Yang, 楊昌順）All rights reserved.
Complex Chinese Copyright© 2023 by Eurasian Press.
Complex Chinese translation Copyright is arranged with Dasan Books Co., Ltd through Eric Yang Agency.
Complex Chinese edition copyright © 2023 by Eurasian Press, an imprint of Eurasian Publishing Group. All rights reserved.

定價 360 元　　ISBN 978-986-133-860-6
版權所有．翻印必究
◎本書如有缺頁、破損、裝訂錯誤，請寄回本公司調換
Printed in Taiwan

「先愛自己，再愛別人。因此，我們必須接受自己過去在人際關係中失敗的一切、被欺騙的一切，以及對話過程中留下的心結。」
——《我決定刻薄地生活：在不受傷害的情況下，打動人心的關係心理學》

◆ **很喜歡這本書，很想要分享**

圓神書活網線上提供團購優惠，
或洽讀者服務部 02-2579-6600。

◆ **美好生活的提案家，期待為您服務**

圓神書活網 www.Booklife.com.tw
非會員歡迎體驗優惠，會員獨享累計福利！

國家圖書館出版品預行編目資料

我決定刻薄地生活：在不受傷害的情況下，打動人心的關係心理學／楊昌順著；游芯歆譯. -- 初版. -- 臺北市：圓神出版社有限公司, 2023.02
240 面；14.8×20.8公分 --（勵志書系；154）

ISBN 978-986-133-860-6（平裝）
1.CST：人際關係 2.CST：自我實現
177.3 111020598